U0011889

2023-2024 暢銷修訂版

東京親子遊

大手牽小手，零經驗也能輕鬆上手自助行

最新日旅注意事項

在台灣放寬對疫情的出入境限制後，很多人出國的第一選擇都是到日本。在疫情之後的觀光旅遊政策都有一些變化。如果你以前已去日本玩過好幾次，而現在仍抱持著一樣「說走就走」的想法直衝日本，那可能會因為「一時大意沒有查」的結果，卡在某些出入關流程、或在日本當地發生一些問題。建議你花 3 分鐘快速看完以下重點，順便檢查一下是否自己都做好準備囉！

※ 出入境手續，可能會有變化。實際最新狀況請隨時到相關網站查詢。

● 檢查護照是否已過期、快過期

大部份的國人因為疫情關係，至少有兩年多不曾出國，也許就在這兩年你的護照剛好要過期了，如果有出國計畫，第一步就是打開護照看一下「效期截止日期」，因現在換發護照的人潮眾多，至少提前兩週去辦理比較保險，並且記得順便辦快速通關喔！

外交部
領事事務局

戶政事務所
辦理護照說明

※ 若要換發護照但沒時間排隊，也可找旅行社代辦。

※ 若之前沒有護照，第一次申辦的人，可就近到任一個戶政事務所，現在臨櫃有提供「一站式服務」，新辦護照也可以受理。

● 確認最新檢疫入境政策

日本於 2023 年 5 月 8 日起新冠肺炎降級，赴日觀光不需出示疫苗證明，並解除日本室內外口罩令，若有任何變動，請以最新規定為準。

外交部
前往日本須知

● 線上填寫 Visit Japan Web（VJW），加快入境日本

以前飛往日本，在機上都會發兩張紙本的單子，一張是入境卡（下飛機第一關檢查護照時要交）、一張是給海關用的（有無攜帶違禁品，拿行李出海關時要交）。現在日本已經採取線上化一起整合成「Visit Japan Web」，請務必提前幾天到此網站申請帳號並登錄完成，過程中需上傳護照，及填寫一些旅程相關資料，加上還要等候審查，如果是到了日本下飛機才填寫會來不及喔！

Visit Japan
Web

VJW 的
常見問題說明

※ 若未線上填寫 VJW，也仍然可以用以前的紙本單子流程（在飛機上跟空服員索取），也可以線上跟紙本都填，入境時看哪個隊伍排隊時間較短就排那邊，擇一即可。

- 出入境都儘早提前過安檢

不管從台灣出發、或從日本回台，建議都早點過安檢關卡，因為現在旅客爆增，機場人力不太足夠，安檢的關卡常大排長龍。如真的隊伍太長，而你已接近登機時間了，航班的空服員會在附近舉牌子（上面寫有班機號碼），只要舉手回應表明是該班機乘客，就可以帶你加速安檢通關。

- 自助結帳、自助點餐

為了減少直接接觸，許多餐廳新增了自助點餐與結帳系統，入座後可以自行操作座位上的平板電腦，或用個人手機直接掃店家提供的 QR code 點餐。一些商店、超市與便利商店也都增加了自助結帳機，通常搭載多國語言，可先在螢幕點選「中文」後自行刷條碼結帳。另外，即使是由店員負責結帳，許多店家也會在刷好商品條碼後，要求顧客自行將信用卡插入刷卡機結帳，或是將現金直接投入結帳機內。

- 日本有些餐廳改成現場登記制（記帳制）

疫情之後，日本很多餐廳吃飯都要預約，倒不一定要事先電話或網路預約，而是到了現場之後，在門口有本子要你登記想用餐的時間，所以有時看起來沒有在排隊，實際上本子裡已經排了滿滿的人。而且假設你登記 19:00，即使 18:30 有空位了也不能提早進去。不過每間餐廳的作法不同，請以現場狀況為準。

- 日本的消費變便宜還是變貴？

其實日本的物價及稅金一直在上升，但因日圓貶值的關係，消費的感覺並沒有變貴，甚至還更便宜。但因日本政府不時提供國旅補助，鼓勵日本人在國內旅遊消費，相對飯店住宿的漲幅就會比較明顯了。

- 在日本上網更方便的 e-SIM 卡

很多人到日本要手機上網，會另外買專用的 SIM 卡，但缺點是要拔卡換卡很麻煩。現在較新的手機都有支援 e-SIM 卡功能，就是一個虛擬的數位 SIM 卡，只供日本上網專用（一樣有分幾天、吃到飽等方案），像遠傳、台哥大都有自己的日本上網 e-SIM 卡；而Klook、KKday 等網站也有販賣其它品牌，即賣即用，算是很方便的選擇，可自行上網搜尋相關資訊。

※ 使用 e-SIM 卡時，請將手機國內號碼的漫遊功能關閉，以免誤用台灣號碼漫遊連網。

CH1
東京親子行程規劃 一次上手

CH2
從打包到出發 帶孩子上路得心應手

CH3
東京遊樂園、博物館大人小孩一同享樂！雨天也能盡情玩

CH4
戶外親子探索之旅

CH5
育兒購物餐飲好去處

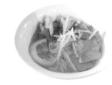

CH6
來東京培養孩子的
文化氣質

這本書實在是太實用了，準備帶小孩去東京的爸媽們絕對必備！

不管你想帶孩子去樂園、公園、動物園或是博物館及親子購物中心，這本書絕對都能滿足你，就算是第一次帶孩子去日本也不用緊張，所有交通、飯店、搭飛機、帶行李會遇到的相關問題，全部都有提供你解決辦法，家有小孩的爸媽們一定要收藏這本好書啊！

日本藥妝失心瘋版主 Vera

走吧！帶孩子出遊去，保存最美好的回憶

第一次當爸媽，許多事都要從頭學起。無論是育兒、教養甚至是旅行方式，全都要洗牌重來，每項都是全新考驗。我也跟大家一樣，生了孩子之後，原本兩人世界的輕鬆愜意，到每天幾乎是在混亂中打仗，卻又一方面每天享受著孩子的笑容，體會著純粹的幸福。從兩人世界升級到爸媽這個角色，需要承擔、體驗與感受的事情也倍增許多！

有了孩子後雖然勞累，但也希望能帶孩子一起見識世界的美好。不過帶孩子出遊可不容易，孩子在每個時期都有不同需求跟狀況，帶著嬰兒出門就得到處找尿布檯跟熱水泡奶；帶著學步兒出門就怕他亂跑亂衝，又要忙亂的準備適合的副食品；孩子長大會自己走路了，旅行起來輕鬆很多，但也會開始有許多意見，原先排好的行程也不一定能按表操課。

帶孩子一起出遊真的會增加好幾倍麻煩，但因為如此就不帶孩子出國旅行嗎？孩子跟爸媽的親密期就只有十年，在這十年中，孩子會圍著你討抱、撒嬌、一起開心玩耍。但同時間孩子也成長得好快好快，他上學後會有自己的朋友、同學跟小世界，漸漸地跟爸媽就不像以前那樣緊密，他會慢慢建立起自己的生活圈，長大學著融入社會裡，之後也會多半希望跟朋友出遊。在孩子還小時，帶著他們一起出國，這將會成為一家人最棒的回憶，同時間國外不同的語言、文化跟景色，也會在孩子心中帶來潛移默化的影響。

我其實很推薦爸媽帶小孩去東京，無論是自助旅行新手或老手都是。因為日本環境乾淨、交通便利、治安也相對較好，至少對孩子的安全上有比較好的保障。東京的交通四通八達，景點也相對集中，關西景點比較分散，想一次跑遍京都、大阪、神戶等地複雜度較高，建議可以在小孩年紀稍大點再帶去關西遊玩，會比較輕鬆。也很建議參考《關西親子遊》裡介紹的親子景點來規劃喔！

另外，東京的育兒設施做得也很完善，東京的百貨公司、商場林立，要找到尿布檯跟育嬰室挺容易的。最重要的是東京的親子景點非常多，琳瑯滿目可說是制霸全日本，無論在樂園、景點、購物、飲食上都有好多好多可逛、可吃、可買的地方。以我自己為例，我自己去過東京好幾次，其中帶孩子去了東京五次以上，每次再去東京都會發現新的景點，然後排一排行程才發現怎麼又有好多遺珠排不進去？每一次都會發現好棒的親子景點，豐富程度簡直超乎想像。

正因為東京實在是太豐富、資訊太多了，許多人會擔心沒自助過該從何規劃起，或是只知道東京迪士尼跟晴空塔兩個景點，就不知道該帶孩子去哪裡了。這本書就是要讓頭痛的父母們，從又大又複雜的東京，輕鬆篩選出最適合自己的自助行程，本書集中在介紹東京 23 區親子景點，也會延伸到橫濱跟首都圈周邊交通較近的特殊景點。因為我很清楚，帶孩子來東京玩耍的爸媽，需要找到交通相對便利、又好玩的地方，於是先集中在車程距離東京市中心約一小時以內的地方。東京除了迪士尼外，其實還有許多非常特別的景點等著你帶孩子一起去體驗。

帶孩子去東京一次絕對玩不完，但藉由這本書的協助，保證你每次都會找到很棒的親子景點，讓孩子對東京旅遊一直都充滿期待，全家人也能玩得開開心心，留下許多美好回憶！

另外提醒，日本各景點的資訊、票價變動很快，造訪之前請多利用書中所附的 QR code 上官網查詢最新資訊！

王晶盈

東京親子行程規劃
一次上手

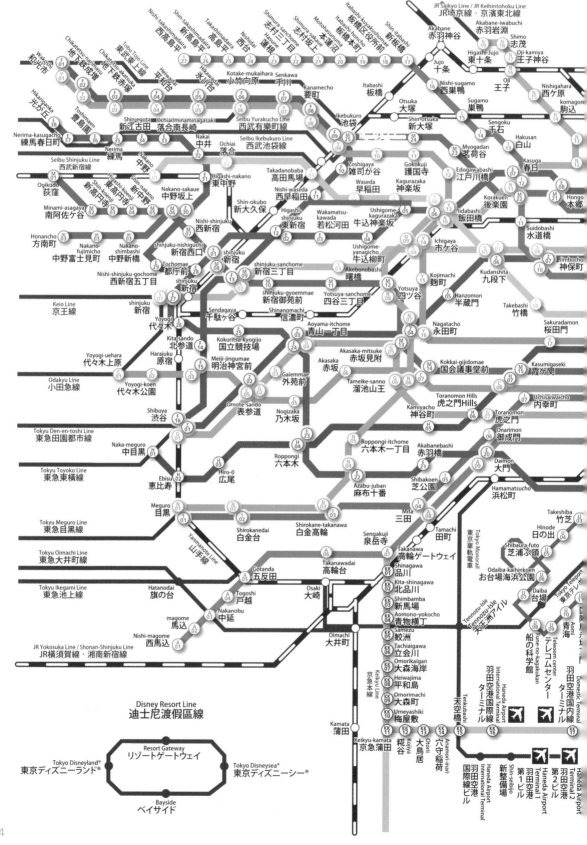

東京交通圖

(JR、東京地下鐵、都營地下鐵、私營地鐵)

使用本書輕鬆上手

　　本書將東京親子旅遊景點詳盡列出，再也不怕來東京不知道要帶孩子去哪裡玩囉！面對東京複雜的交通網路，本書也導入網路地圖協助找到正確又方便的各種景點交通方式。只要拿著這本書，再搭配可連上網路的手機，利用手機裡免費的 QR code 掃描器 APP，就能輕鬆帶孩子遊東京！

該景點分類指標
是否適合雨天或晴天前往

地址、電話、開放時間等
基本資訊

景點中日文
名稱

可同天排入的
鄰近景點

景點特色詳盡
介紹

官網與地圖
用手機掃 QRcode
立刻就能找出詳細
資訊

列出詳盡的親子景
點資訊

入場券樣張

列出適合年齡、是
否可推嬰兒車進入
購票資訊

詳盡交通資訊，包括地鐵出入口、電梯資訊、地鐵車站
內部圖，一掃 QRcode 就知道，省去找車站電梯時間

我想帶孩子去東京，該如何安排行程呢？

　　東京是日本首都，也是全日本人口聚集之處，光是東京 23 區人口就達 950 萬人（2018 年統計數字），各式旅遊景點既多元又豐富。但如果旅行天數不多，真的會不知道該如何排行程才好！爸媽們不用再為此頭痛了，跟著本書這樣做，就能排出既豐富，路程順暢的東京親子行程！

　　書中將東京親子景點分成♥熱門景點、★人氣景點、♡私房景點，另外還有特殊季節的✿季節景點。如果還沒去過東京，先從♥熱門景點篩選，就能掌握大部分行程走向，接著，再加入★人氣景點增加行程豐富度，如果紅色及黃色景點都去過了，就可以搭配♡私房景點，如果遇到櫻花、賞楓或夏季等特殊節慶，就能以✿季節景點作為規劃主軸！排定主要的親子景點之外，再加入交通順路的周邊景點，就能輕鬆排出小孩跟大人都滿意的東京親子行程囉！

親子行程列表

東京景點分區導覽

　　上述的親子景點中，想必你心中已經有幾個好選擇，不過，請先理清楚各個景點大致地理位置，才能排出節省交通成本，時間順暢的旅遊行程喔！東京 23 區，為台北市的 2.3 倍大，相對的，在不同區域移動時，也會耗費許多交通時間，建議可以將同一區的行程安排在同一天裡，才能輕鬆又節省時間成本好好逛東京！

新宿、池袋

逛遊時間 1 天

購物、親子玩樂來此一網打盡

逛玩趣 Play Fun

- ★ 東京玩具美術館
- ◎ 四谷消防博物館
- ♥◎ 新宿御苑
- ◎池袋太陽城水族館
- 早稻田大學
- 新宿都廳展望台

購物樂 Shopping Fun

池袋太陽城專門店街

池袋、新宿百貨公司群（東武、西武百貨、OIOI 丸井百貨、高島屋等）

吉祥寺

逛遊時間 半天

悠閒又舒服的親子行程，宮崎駿動畫迷必去景點

逛玩趣 Play Fun

- ♥ 三鷹之森吉卜力美術館
- ★◎ 井之頭恩賜公園、井之頭自然文化園

購物樂 Shopping Fun

吉祥寺 Coppice

吉祥寺 OIOI 丸井百貨、PARCO、東急百貨等

東京近郊

逛玩趣 Play Fun

多摩區
- ★三麗鷗彩虹樂園
- ◎東京多摩動物公園
- ◎京王鐵道樂園
- ★藤子・F・不二雄美術館

練馬區
- ◎東京知弘美術館

立川區
- ◎◎國營昭和記念公園

埼玉縣飯能市
- ◎ Moomin 嚕嚕米兒童森林公園
- ◎ 狹山之丘龍貓森林

稻城市
- ★ 讀賣樂園

橫濱

逛遊時間 1 天

體驗空間開闊，無障礙設施完善，親子景點超多的海港魅力！

逛玩趣 Play Fun

- ★橫濱杯麵博物館
- ★橫濱麵包超人博物館
- ◎橫濱日產汽車展示中心 Nissan Gallery
- ◎三菱未來技術館
- ◎橫濱 BørneLund KID-O-KID 連鎖親子樂園
- 橫濱 Cosmo World
- 橫濱紅磚倉庫
- 港未來 21

購物樂 Shopping Fun

橫濱 MARK IS：Babies ЯUs（3F）

西松屋

櫻木町 Colette Mare

YOKOHAMA WORLD PORTERS

橫濱 Queen's Square

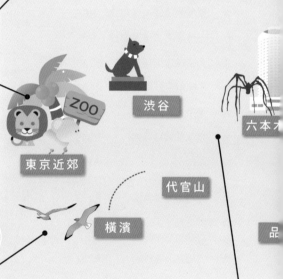

池袋

新宿

吉祥寺

表參道

ZOO

渋谷

六本木

東京近郊

代官山

橫濱

渋谷、表參道、代官山、目黑、六本木

最流行、好買、大型公園及散步好去處，代官山是日本媽媽最喜愛的親子逛街購物飲食地區

逛玩趣 Play Fun

- ◎◎ 代代木公園
- ◎◎ 明治神宮
- ◎ 明治神宮野球場看棒球
- ◎ 六本木之丘 / 東京中城
- ◎中目黑、目黑川沿岸
- 代官山親子親善區、蔦屋書店
- 自由之丘

東京巨蛋

集遊樂、體育、購物、日式庭園於一區的全方位景點

逛遊時間 半天

逛玩趣 Play Fun
★ ASObono 室內遊樂園
◉ 東京巨蛋看棒球賽、玩後樂園
✿ 小石川後樂園

◉ 東京大學
✿ 靖國神社
✿ 六義園

購物樂 Shopping Fun
東京巨蛋 JUMP SHOP
東京巨蛋 LaQua 購物商場

上野、淺草

公園、動物園、博物館、水族館等豐富景點，體驗東京傳統與新潮魅力

逛遊時間 1天至2天

逛玩趣 Play Fun
♥✿ 東京晴空塔與隅田公園
♥✿ 上野恩賜公園
★ 上野動物園
★ 大宮鐵道博物館
★ 雷門、淺草寺與仲見世通、阿美橫町
◉ 晴空塔墨田水族館
◉ 晴空塔郵政博物館
◉ 東武博物館

◉ 上野國立科學博物館
◉ 烏龍派出所～龜有尋找兩津勘吉
◉ 搭東京觀光汽船遊隅田川
◉ 淺草文化觀光中心
◉✿ 水元公園
◉ 都電荒川線：荒川遊園地、荒川車庫
◉ 國際兒童圖書館
◉ 淺草花屋敷

購物樂 Shopping Fun
錦系町阿卡將、Babie ЯUs、Muji、Uniqlo
東京晴空塔下的東京晴空街道300多家商店（Tokyo Solamachi）

阿美橫町、淺草寺與仲見世通
埼玉新都心 COCOON CITY 購物中心

東京車站、銀座

東京最新奇、最繁忙商業區，可買到各式動漫玩具的血拚好去處。週末假日時，銀座中央從銀座通到銀座八丁目禁止車輛進入，可以放心踩街逛遊一番

逛遊時間 半天

逛玩趣 Play Fun
◉ 皇居外苑
◉✿ 日比谷公園
◉ 皇居外苑親子自行車
◉ 警察博物館

購物樂 Shopping Fun
東京車站一番街、東京車站地下商店街
銀座博品館 Toy Park
銀座教文館

汐留、品川、台場

豐富的各式室內樂園、購物天堂好去處

逛遊時間 1天

逛玩趣 Play Fun
♥✿ 東京鐵塔／芝公園
★ 台場樂高遊樂園
★ 台場富士電視台
◉ 品川水族館
◉ Maxell Aqua Park 品川水族館
◉ 東京都水的科學館

◉ 日本科學未來館
◉ 葛西臨海水族館、葛西臨海公園
◉ 江戶川區自然動物園
◉ 地下鐵博物館
★ KidZania 東京兒童職業體驗樂園

購物樂 Shopping Fun
DiverCity Tokyo Plaza 台場購物廣場
東京狄克斯海濱 DECKS：西松屋（4樓）

日本電視台商店

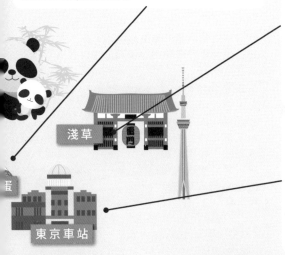

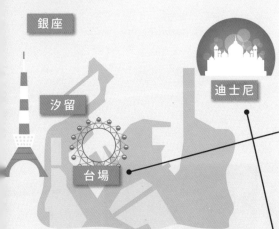

淺草

東京車站

銀座

汐留

台場

迪士尼

逛遊時間 1天

購物樂 Shopping Fun
表參道 Kiddy Land
表參道 Hills Kids no mori
表參道 crayonhouse 親子書店

Flying tiger copenhagen 等雜貨店
代官山 La Fuente
六本木之丘

迪士尼樂園、迪士尼海洋樂園

逛遊時間 1～2天

♥ 東京最經典最大型的遊樂園，請將一整天時間都排給它吧！

東京不同季節必看景點

春季 2 月～5 月	夏季 6 月～8 月

特 點

春季最值得期待的就是櫻花季的到來，東京的櫻花季每年大約在 3 月底開始開放，4 月初盛開。不過，每年開花時間都會有所不同，詳情請查櫻花前線網站預測。

東京於 6 月初到 7 月初會進入梅雨季，每年時間與狀況不同，在這段期間內會一直下雨，對於旅遊的人來說比較不方便。但可以欣賞繡球花。

等到梅雨季一過，天氣一放晴，東京各地的夏日花火大會也就開始準備囉！可以找機會穿浴衣逛祭典。

日本夏日折扣於 7 月 1 日開始到 7 月底結束，8 月份會剩下零星的折扣出清商品，如果想要趁打折時來購物，請務必要安排在 7 月份喔！

祭 典 活 動

- 中目黑櫻花祭（中目黑桜まつり）
  時間：約為 4 月上旬
  www.nakamegu.com/nandemo.html
- 上野櫻花祭（うえの桜まつり）
  時間：約為 3 月底～4 月初

- 隅田川花火大會（7 月最後一個週六晚上）
  www.sumidagawa-hanabi.com/
- 神宮外苑花火大會（8 月上旬）
  www.jinguhanabi.com/
- 江戶川區花火大會（8 月上旬）
- 東京灣大花火祭（8 月中旬）

景 點

- 賞櫻景點
  - ♥ ✿ 上野恩賜公園
  - ★ ✿ 新宿御苑
  - ◎ ✿ 明治神宮
  - ◎ ✿ 代代木公園
  - ◎ ✿ 千鳥之淵
  - ✿ 中目黑、目黑川沿岸
  - ★ ✿ 井之頭恩賜公園
  - ♥ ✿ 東京鐵塔 / 芝公園
  - ✿ 日比谷公園
  - ✿ 小石川後楽園
  - ✿ 六義園
  - ✿ 靖國神社
  - ✿ 六本木之丘 / 東京中城

夏季花火大會

梅雨季節繡球花盛開

東京四季分明，在不同季節也會有不同的景色、花卉、祭典可以觀賞，如果旅行期間恰好遇上這些特殊的時節，務必要帶孩子來一起體會節慶的美感！

秋季 9 月～ 11 月

秋季最讓人期待的就是楓葉季節，不過，楓葉季節通常在 11 月中或月底才會開始，直到 12 月初結束。

在楓葉季節裡，先是黃色的銀杏打前鋒，接著紅色的楓葉加入戰場，將秋日的樹林點綴得美不勝收。

可查詢紅葉前線來得知最新楓葉情形

- 吉祥寺秋祭（吉祥寺秋祭り）
  時間：9 月中旬
  www.kichijouji.jp/event/akimaturi/
- 明治神宮外苑銀杏祭（神宮外苑いちょう祭り）
  時間：11 月下旬～ 12 月初
  http://www.jingugaien-ichomatsuri.jp/

- 賞楓景點
  ♥ ✿ 上野恩賜公園
  ♥ ✿ 新宿御苑
  ◉ ✿ 明治神宮外苑
  ◉ ✿ 代代木公園
  ★ ✿ 井之頭恩賜公園
  ◉ ✿ 國營昭和記念公園
  ◉ ✿ 日比谷公園
  ◉ ✿ 水元公園
  ✿ 小石川後樂園
  ✿ 六義園

冬季 12 月～ 1 月

12 月的東京最讓人期待的就是聖誕燈飾了，許多區域在 11 月底布置得美侖美奐，也有些非常豪華的聖誕光雕秀可以免費參觀。

可以到此網站查詢聖誕燈飾與表演
https://illumi.walkerplus.com/

12 月底開始的冬季折扣，也是許多人期待的重頭戲。各大百貨公司、品牌通常會在 1 月～ 2 月開始販賣福袋，緊接著就是 1 月份的冬季折扣，直到 1 月底。

不過東京過年 12/31 日晚上沒有太多看頭，大部分日本人都待在家裡看紅白歌合戰，之後再到東京鐵塔旁的增上寺或淺草的淺草寺午夜 12 點初詣敲鐘。如果預算比較高，也可以提早購買迪士尼樂園跨年門票，感受跨年氣氛。

- 汐留 Caretta 聖誕燈光秀（カレッタ汐留）
  時間：11 月中～ 2 月
  www.caretta.jp
- 六本木 Midtown 聖誕燈光秀（ミッドタウン）
  時間：11 月中～ 12 月底
  www.tokyo-midtown.com/jp/
- 東京巨蛋聖誕點燈
  時間：11 月初～ 2 月
  www.tokyo-dome.co.jp/

汐留 Caretta 聖誕燈光秀

六本木 Midtown 聖誕燈光秀

日本假期一覽表

日本的國定假期不少，一旦遇到連續假期日本國內飯店住宿價格相對翻倍漲價。其中又以 5 月初的黃金週及元旦假期為最，另外還有暑假（關西的小學生大概都放 7 月中～8 月底），及 8 月中的日本盂蘭盆節（お盆），如果剛好遇到這段時間去日本，請務必要提早訂飯店，或者提早預訂不會隨著季節起舞漲價的連鎖商務飯店，例如東橫 inn。

2024 年日本假期還需要於 2023 年 2 月時至日本內閣府官網確認，有可能有所變動

日本 2023 年假期（令和 5 年）

名稱	日期	名稱	日期
元旦	1/1（日）	海洋節	7/17（一）
成人節	1/9（一）	山之日 + お盆	8/11（五）
建國紀念日	2/11（六）	敬老日 + 秋分節	9/19（一）、9/23（六）
天皇誕生日	2/23（四）	體育節	10/9（一）
春分節	3/21（二）	文化節	11/3（五）
昭和之日	4/29（六）	勞動感謝節	11/23（四）
黃金週 憲法紀念日 / 綠之日 / 兒童節	含週末 5/3 ～ 5/7 共放 5 天 5/3（三）～ 5/5（五）		

日本 2024 年假期（令和 6 年）

名稱	日期	名稱	日期
元旦	1/1（一）	海洋節	7/15（一）
成人節	1/8（一）	山之日 + お盆	8/11（日）
建國紀念日	2/11（日）2/12 補休一天	敬老日	9/16（一）
天皇誕生日	2/23（五）	秋分節	9/22（日）
春分節	3/20（三）	體育節	10/14（一）
昭和之日	4/29（一）	文化節	11/4（一）
黃金週 憲法紀念日 / 綠之日 / 兒童節	5/3 ～ 5/6 含週末共放 4 天 5/3（五）～ 5/5（日）	勞動感謝節	11/23（六）

輕鬆排出好玩東京親子行程

對於東京的親子景點有大致的認識後，安排行程就變得輕鬆又容易啦！以第一次去東京的人來說，可以集中以♥熱門景點為主，再搭配★人氣景點，如果已經去過東京很多次，就能多多探索♀私房景點，若前往的時節剛好遇到賞櫻、賞楓季節，就能將✿季節景點安排在重點行程。

另外溫馨提醒，帶小孩出遊突發狀況很多，行程盡量排鬆，建議一天大概排兩個大點行程即可，如果孩子年紀較大，體力比較好，也可以多排一些行程。如果錯過某些行程沒去也沒關係，玩得開心最重要！以下為建議行程，大家也能參照前面的♥★♀✿親子行程列表排出最適合自己的豐富行程喔！

三天東京快閃之旅

 行程 1

 行程 2

day1 住宿淺草、上野或東京車站附近者：

☀ 💚 🌸 上野恩賜公園
白天

　　💚 上野動物園

　　📍 上野國立科學博物館

　　⭐ 阿美橫町逛街

　　📍 東武博物館

🌙 💚 東京晴空塔看夜景逛街
夜晚

　　錦系町阿卡將買東西逛街

day2

☀ 💚 東京迪士尼樂園
整天　 或海洋迪士尼樂園
　　因行程天數短，不建
　　議換飯店，直接搭到
　　東京車站換 JR 京葉
　　線或 JR 武藏野線到
　　舞濱站下車

day3 若回程在成田機場搭機，可安排

☀ ⭐ 大宮鐵道博物館
白天

　　成田機場

---

day1 住宿新宿、池袋區域者：

☀ 💚 🌸 新宿御苑
白天

　　📍 四谷消防博物館

　　⭐ 東京玩具博物館

🌙 新宿逛街
夜晚

　　📍 新宿都廳看夜景

day2

☀ 💚 三鷹之森吉卜力美術館（需先購票）
白天

　　⭐ 🌸 吉祥寺周邊與井之頭恩賜公園
　　　　 井之頭自然文化園

　　原宿、表參道逛街

🌙 🌸 六本木之丘 / 東京中城
夜晚

day3

☀ 💚 🌸 東京鐵塔 / 芝公園
白天

　　羽田機場

五天東京暢遊之旅

如果你的旅遊天數為五天以上，將行程安排鬆散一些，可以多增加有興趣的◎私房景點喔。

行程 1

day1
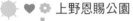

白天
- ♥◎ 上野恩賜公園
- ♥ 上野動物園
- ◎ 上野國立科學博物館
- ★ 阿美橫町逛街

夜晚
- ♥ 東京晴空塔看夜景逛街
- 錦系町阿卡將買東西逛街

day2

整天
- ♥ 東京迪士尼樂園或海洋迪士尼樂園

day3　玩橫濱景點
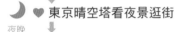

白天
- ★ 麵包超人博物館
- ★ 橫濱杯麵博物館
- ◎ 橫濱日產汽車展示中心 Nissan Gallery

夜晚
- 橫濱紅倉庫、二十一世紀港未來區
- 橫濱 MARK IS 商場購物

day4

白天
- ★ 藤子‧F‧不二雄美術館
- ◎ 東京多摩動物公園
- ◎ 京王鐵道樂園
- ★ 三麗鷗彩虹樂園

夜晚
- ◎ 六本木之丘／東京中城逛街
- 或新宿逛街→新宿都廳看夜景

day5　若回程在成田機場搭機，可安排

白天
東京車站一番街 ➡ 成田機場

行程 2

day1

白天
- ♥◎ 新宿御苑
- ◎ 四谷消防博物館
- ★ 東京玩具博物館
- 新宿逛街

夜晚
- ◎ 新宿都廳看夜景

day2

白天
- ♥ 三鷹之森吉卜力美術館（需先行購票）
- ★◎ 吉祥寺周邊與井之頭恩賜公園
  井之頭自然文化園
- ◎ 代官山親子親善區

夜晚
- 原宿、表參道逛街

day3　台場一日遊

白天
- ♥ 台場富士電視台
- ◎ 東京都水的科學館
- ◎ 日本科學未來館

夜晚
- ★ 台場樂高遊樂園

day4

白天
- ★ 大宮鐵道博物館
- 埼玉新都心 COCOON CITY 購物中心
- ◎ 烏龍派出所～龜有尋找兩津勘吉
- ◎ 晴空塔郵政博物館
- ◎ 晴空塔墨田水族館

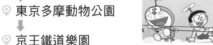

夜晚
- 東京車站一番街

day5　若回程在羽田機場搭機，可安排

白天
築地市場
➡ ♥◎ 東京鐵塔／芝公園 ➡ 羽田機場

五天東京賞櫻之旅

　　如果到達東京時為賞櫻季節，可以先參考日本的櫻花前線相關資訊，列出目前花況佳的景點前往參觀，可參考以下行程建議：

 櫻花前線

day1

整天 　🌸 六本木之丘／東京中城賞櫻

夜晚 　📍🌸 中目黑、目黑川沿岸

day2

白天 　♥🌸 上野恩賜公園賞櫻

　★ 大宮鐵道博物館

　隅田川賞櫻

夜晚 　♥ 東京晴空塔看夜景

day3

白天 　♥🌸 新宿御苑

　📍🌸 明治神宮賞櫻

　📍🌸 代代木公園賞櫻

day4

白天 　♥ 三鷹之森吉卜力美術館

　★🌸 井之頭恩賜公園賞櫻

　新宿逛街

夜晚 　📍 新宿都廳看夜景

day5

白天 　★ 皇居外苑

　📍🌸 日比谷公園

　機場

🚶 五天東京賞楓之旅

　　如果到達東京時為賞楓季節，可以先參考日本的紅葉情報相關資訊，列出目前楓葉景點參觀。秋末冬初，東京大約下午4：30 就天黑了，請盡量安排白天賞楓行程，夜晚可安排購物室內行程。

紅葉情報

day1

☀️ 整天　　♥ 東京晴空塔購物、看夜景

day2

☀️ 整天　　★ ASObono 室內遊樂園

⬇️

🌸 小石川後楽園賞楓

⬇️

🌸 六義園

⬇️

東京大學看銀杏

day3　　台場一日遊

☀️ 白天　　♥ 🌸 新宿御苑賞楓

⬇️

📍 🌸 明治神宮外苑賞銀杏

⬇️

📍 🌸 代代木公園賞楓

⬇️

🌙 夜晚　原宿、表參道逛街

day4

☀️ 白天　　📍 🌸 國營昭和記念公園

⬇️

★ 🌸 井之頭恩賜公園賞楓

⬇️

♥ 🌸 東京鐵塔 / 芝公園

⬇️

🌙 夜晚　🌸 六本木之丘 / 東京中城 聖誕燈飾

day5

☀️ 白天　　♥ 🌸 上野恩賜公園

⬇️

機場

從打包到出發
帶孩子上路得心應手

　　帶孩子出國，無論你是自助旅行的老手或新手，其實都會非常忐忑不安，畢竟帶孩子出門，一定會遇到各式各樣不同的狀況。無論是 1 歲以內的小嬰兒，還是 2～3 歲難以控制的暴衝小孩，或是 4～6 歲聽得懂，但不時會出狀況的大小孩，都仍需要時時刻刻留意，即使是生活可以自理的小學生，到國外也需要花不少心思照顧。但爸媽也不用太擔心，跟著本書的步驟規劃、訂購機票及住宿，你也可以蛻變為帶孩子出門的旅遊高手！

1

2

3

❶ 許多航空公司都有飛日本線
❷ 帶孩子出遊並不難，累積經驗多了就能掌握訣竅 ❸ 就算帶小小孩，也能快樂出遊！

步驟一：自行辦好小孩護照與簽證

　　出國最先需要準備妥當的就是護照。大人多半之前就有出國經驗，所以個人護照通常已經備齊，只需要檢查在出國日時護照效期是否達 6 個月以上，若效期快要到期，請記得到外交部領事事務局辦理換發新護照。需備妥普通護照申請書乙份、最近 6 個月內拍攝之彩色（直 4.5 公分且橫 3.5 公分，不含邊框）光面白色背景照片乙式 2 張、尚有效期之舊護照、國民身分證正本（驗畢退還），並將身份證正、反面影印（現場有影印機），及繳交規費每本護照新台幣 1,300 元，未滿 14 歲者為 900 元。只要護照剩餘效期不足一年，或所持護照非晶片護照者，均可申請換照。

外交部領事事務局

　　不過，第一次幫未滿 14 歲的孩子辦護照，要準備的東西就比較多。首次辦理護照，一定要父母帶本人親自到外交部領事事務局辦理，或者到地方的戶政事務所先做「人別確認」，也就是辦護照的本人跟直系血親都要到戶政事務所，出示以下資料：

❶ 已填好資料的普通護照申請書乙份（戶政事務所有空白表格）。

❷ 繳交最近 6 個月內拍攝之彩色光面白色背景照片乙式 2 張（直 4.5 公分且橫 3.5 公分，不含邊框），照片 1 張黏貼，另一張浮貼於申請書。

❸ 年滿 14 歲者應繳驗國民身分證正本（驗畢退還），並將身分證正、反面影本分別黏貼於申請書正面（正面影本上須顯示其換補發日期）。

❹ 未滿 14 歲且未請領國民身分證者，請繳驗戶口名簿正本（驗畢退還）及繳附影本乙份，或繳交最近 3 個月內申請之戶籍謄本，並須由直系血親尊親屬、旁系血親三親等內親屬或法定代理人陪同辦理。陪同辦理者應繳驗親屬關係證明文件（如國民身分證正本及影本，或政府機關核發可資證明親屬關係之文件正本及影本）。

❺ 護照申請書經戶政事務所做好「人別確認」者，須於 6 個月內向領事事務局或外交部完成申請護照手續，若逾期則視同未辦理人別確認。

　　到戶政事務所辦理好「人別確認」之後，就能填寫「申辦同意未成年人代辦之護照申請書」，委任親屬或現屬同一機關、團體、學校之人員代為申請（應繳驗相關證件）。委託他人辦理小孩護照頗為麻煩，建議如果可以，還是自己親自帶著孩子跑一趟外交部領事事務局辦理，真的能省去不少時間。

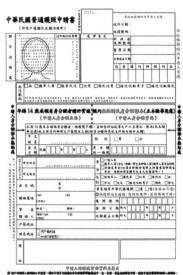

護照申請樣張

29

親自帶小孩至外交部領事事務局辦理護照所需文件

❶ 含詳細記事之戶口名簿正本並繳附影本乙份，或最近 3 個月內戶籍謄本正、影本乙份。（如果年滿 14 歲已經有身份證，就請帶身份證即可。）

❷ 白底彩色照片 2 張。

❸ 父或母或監護人之身分證正本及正、反面影本各乙份。

❹ 填寫好普通護照申請書。（請注意孩子姓氏英文拼法要跟父親的英文拼音相同，如果從母姓的話要跟母親相同。）

❺ 未滿 14 歲費用為 900 元，滿 14 歲為 1300 元。

孩子辦好護照後就可以開心出國去玩囉！

4.5公分

3.5公分

應介於 3.2公分 至 3.6公分 之間

符合規格照片（實際尺寸）

| 出現其他人的手 | 嘴巴被手遮蔽 | 閉眼睛 | 表情不自然、哭泣 |

辦理護照的照片需符合規定，以上為需避免的照片

其中需要注意的是，大人的護照照片規定比較嚴格，要符合彩色半身、正面、脫帽、五官清晰、露耳、白色背景、不得戴眼鏡、瀏海不得遮住眼睛、嘴巴不能張開等規定。小孩（尤其是小嬰兒）的照片，只要五官清晰，沒有其他雜物在照片裡面（奶嘴玩具等），稍微露齒也沒關係喔。也可以特別前往照相館拍攝，更佳符合規定。

一般辦理護照為 4 個工作天，如果時間很趕，可以加價改成急件。製作完成後，可以依收據上的領件時間親自領件，或是在辦理當天，至郵局代辦處辦理「護照代領郵寄到府服務」，北中東南領事事務局相關業務郵局不同，請親洽各地領事事務局詢問。

特別提醒大家，小孩的護照效期只有 5 年，大人的護照為 10 年效期。另外，機場海關特別提醒，拿到小孩的護照後，請在簽名欄簽名，小孩太小還不會自己簽，可由大人代簽他的名字，並在旁邊寫上（代）即可。

外交部領事事務局各地辦事處

外交部領事事務局（台北本局）

地址　10051 台北市中正區濟南路 1 段 2-2 號 3~5 樓

（若推嬰兒車前往，可以向警衛詢問電梯方向）

電話　護照辦理相關洽詢（文件證明組）（02）2343-2807，2343-2808

（12:30~13:30 為中午休息時間）

上班時間　週一至週五 上午 08：30 ～下午 17：00（中午不休息，申辦護照櫃檯每週三延長辦公
時間至 20:00 止），週六、週日及國定假日不上班。

外交部中部辦事處

地址　40873 台中市南屯區黎明路 2 段 503 號 1 樓

電話　護照辦理相關洽詢（04）2251-0799（總機）

上班時間　週一至週五 上午 08：30 ～下午 17：00（中午不休息，申辦護照櫃檯每週三延長辦公時
間至 20:00 止），週六、週日及國定假日不上班。

外交部雲嘉南辦事處

地址　60045 嘉義市東區吳鳳北路 184 號 2 樓之 1

電話　護照辦理相關洽詢（05）225-1567（總機）

上班時間　週一至週五 上午 08：30 ～下午 17：00（中午不休息，申辦護照櫃檯每週三延長辦公時
間至 20:00 止），週六、週日及國定假日不上班。

外交部南部辦事處

地址　80143 高雄市苓雅區政南街 6 號 3~4 樓

電話　護照辦理相關洽詢（07）715-6600（總機）

上班時間　週一至週五 上午 08：30 ～下午 17：00（中午不休息，申辦護照櫃檯每週三延長辦公
時間至 20:00 止），週六、週日及國定假日不上班。

外交部東部辦事處

地址　97053 花蓮市中山路 371 號 6 樓

電話　護照辦理相關洽詢（文件證明組）（03）833-1041（總機）

上班時間　週一至週五 上午 08：30 ～下午 17：00（中午不休息，申辦護照櫃檯每週三延長辦公時
間至 20:00 止），週六、週日及國定假日不上班。

外交部領事事務局
護照申辦地點查詢

步驟二：了解日本簽證、入境日本相關規定

　　帶孩子出國，除了考量地緣環境遠近之外，通常也會考慮治安良好、乾淨、文化資源豐富的國家，尤其帶孩子出國，最重要的就是當地的治安、醫療、觀光設施是否友善。日本在許多觀光評比上排名都很高，是讓爸媽可以放心帶著孩子出遊的國度。

　　目前持中華民國護照，只要赴日本 90 天內短期觀光，都能享有免觀光簽證優惠。之前在入境日本時是以紙本為主，目前為紙本及 Visit Japan Web 網頁上申報兩種方式並行。紙本需填寫「外國人入境卡」及「攜帶品和分運行李申報單」，這兩張單子通常在飛機上空姐會發放或可索取；「外國人入境卡」請務必一個人填寫一張，「攜帶品和分運行李申報單」可以全家填一張，由其中一人為代表即可。線上申報則要利用 Visit Japan Web 網頁，該網頁結合了「入境審查」、「海關申報」及「檢疫（快速通關）」功能。建議可以在台灣就先線上申報處理好，這樣入境會很方便。使用流程請至 Visit Japan Web 網頁，有繁體中文解說，簡單又方便。因目前日本入境及申報手續還有可能會變動，出發前請上 JNTO 日本官方網站確認最新簽證手續。

Visit Japan Web 網頁

Visit Japan Web
中文詳細解說 pdf

「外國人入境卡」填寫方式

（選擇用 Visit Japan Web 網頁上申報就不用填寫入境卡跟海關申報卡）

外国人入国記録 DISEMBARKATION CARD FOR FOREIGNER 外國人入境記錄	【ARRIVAL】
英語又は日本語で記載して下さい。Enter information in either English or Japanese. 請用英文或日文填寫。	

氏　名 Name 姓名	Family Name 姓(英文) WANG	Given Names 名(英文) HSIAO MING
生 年 月 日 Date of Birth 出生日期	Day 日 日期 1 0 Month 月 月份 1 0 Year 年 年度 1 9 8 5　現 住 所 Home Address 現住址	国名 Country name 國家名 Taiwan　都市名 City name 城市名 Taipei
渡航目的 Purpose of visit 入境目的	☑観光 Tourism 觀光　☐商用 Business 商用　☐親族訪問 Visiting relatives 探親　☐その他 Others 其他目的（　　　　　）	航空機便名・船名 Last flight No./Vessel 抵達航班班號 去程的航班號碼　日本滞在予定期間 Intended length of stay in Japan 預定停留期間 寫預計停留天數
日本の連絡先 Intended address in Japan 在日本的聯絡處	下榻飯店的名字、地址	TEL 電話號碼 飯店的電話

裏面の質問事項について、該当するものに☑を記入して下さい。Check the boxes for the applicable answers to the questions on the back side.
對反面的詢問事項，若有符合的請打勾。

1. 日本での過去強制退去・上陸拒否歴の有無 Any history of receiving a deportation order or refusal of entry into Japan 在日本有無被強制遣返和拒絕入境的經歷	☐ はい Yes 有 ☑ いいえ No 無
2. 有罪判決の有無（日本での判決に限らない） Any history of being convicted of a crime (not only in Japan) 有無被判決有罪的記錄（不僅限於在日本的判決）	☐ はい Yes 有 ☑ いいえ No 無
3. 規制薬物・銃砲・刀剣類・火薬類の所持 Possession of controlled substances, guns, bladed weapons, or gunpowder 持有違禁藥物、槍炮、刀劍類、火藥類	☐ はい Yes 有 ☑ いいえ No 無

以上の記載内容は事実と相違ありません。I hereby declare that the statement given above is true and accurate. 以上填寫內容屬實、絕無虛偽。
署名 Signature 簽名 簽名

　　「外國人入境卡」需要填寫的資料較少，只需要在正面填上護照上的英文姓名、出生年月日、現居國家及城市、勾選入境目的、搭乘的班機編號（抵達日本航班編號）、日本停留天數，另外比較重要的是聯絡地址一欄。如果你是訂飯店，請填寫飯店名稱再加上電話，如果是民宿，請務必要詳實填寫民宿地址跟電話，海關有可能會特別詢問民宿的相關問題，但飯店則可能比較不會有太大疑慮。再來請在底下三個問題誠實作答之後，再簽名即可。

「攜帶品和分運行李申報單」填寫方式

　　A 面請填上入境班機號碼、從哪裡來（寫台灣或城市都可）、何時入境、姓名跟日本住宿地點、聯絡電話、國籍、職業、出生年月日、護照號碼跟同行家人人數。填好後，連同「外國人入境卡」一起夾入護照中，準備查驗。

　　在機場入境檢查時，請出示 Visit Japan Web 網頁上填寫完畢的 QR Code 跟護照，若選擇以紙本通報，連同護照一起將「外國人入境卡」交給查驗人員，他們會請你拍照、按指紋。在提領托運行李後，過海關時，請出示 Visit Japan Web 網頁上填寫完畢的 QR Code 跟護照，若以紙本通報者，要將「攜帶品和分運行李申報單」連同護照一起交給海關人員。海關會查驗並詢問簡短的問題，有些海關也會要求你將行李打開抽查。當海關查驗完畢，將護照還給你後，就恭喜你入境日本啦！

 JNTO 日本旅遊資訊

「攜帶品和分運行李申報單」填寫
方式（全家只需要填一張）

步驟三：訂機票、安排嬰兒及兒童票與機上特殊餐點、提籃

護照辦好之後，就能開始尋找機票囉！訂機票時的英文名字一定要跟護照上的英文名字完全相同，請千萬不要先訂好機票再辦護照，若後續要更改機票名字會很麻煩。

傳統航空

台灣飛東京的直飛班機非常多，台籍航空如華航、長榮、星宇；外籍航空如日本籍的 JAL（日本航空）、ANA（全日空）；也有些其他國籍的航空公司直飛東京，例如國泰等。

搭乘傳統航空的好處為服務較好，對於帶著孩子的爸媽來說益處頗多。可以事先跟航空公司申請嬰兒掛籃（通常孩子限重 10 公斤以內才能使用，也有身高限制，請洽各航空）。如果孩子睡了，就可以把孩子放在掛籃上睡覺，這時爸媽也能休息。如果事先申請嬰兒餐或兒童餐，許多航空公司也會很貼心贈送孩子小禮物，或準備尿布等，讓孩子在飛行的旅途中能有些娛樂。如果需要喝牛奶，也能跟空姐要熱水泡奶，非常方便。

❶ 台灣飛日本航線班次多，各家航空都有運行　❷ 嬰兒車可以推至登機門前，到達時再於機艙門口直接領取（依各航空公司規定）　❸ 傳統航空可事先申請嬰兒掛籃

一般航空公司都會提供嬰兒票與兒童票相關優惠，通常 2 歲以下不占位的小孩可購買嬰兒票，嬰兒票需與一位成人旅客同行，無法單獨購買，票價則是成人票的票面價 10%（稅外加），算起來很划算，不占位的嬰兒也可帶 10 公斤的行李優惠（視各家航空規定不同）。其中，嬰兒推車公斤數不算在行李內，也可以將嬰兒推車直接推到登機門前，收起來交給空服員，下機時直接在到達艙門口領取即可（在機場櫃台 check in 時告知需要將嬰兒推車推到登機口）。

嬰兒票的購買流程很簡單，只要大人先開票付款即可。可先到該航空公司位於市區的服務櫃台開嬰兒票（價格最便宜）。如果透過旅行社購買機票，可以請旅行社一併開好。也可以提早到機場至該航空櫃台現場購買嬰兒票。但請注意要到該航空的服務櫃台購買，而非報到掛行李的櫃台。

2 歲以上 12 歲以下之小孩可購買兒童票，需與一位成人旅客同行，兒童票價為票面價 75%（未稅，依各航空規定為準），需另加稅金（無特別折扣）。購買兒童票會有自己的位置，也有跟大人一樣的行李公斤數可攜帶，也有自己的餐點（需先預定兒童餐），推車規定同上。

廉價航空

目前從台灣飛東京的廉價航空有台灣虎航、酷航，其都有從桃園 / 高雄飛日本成田機場（酷航除外），樂桃航空則有經營桃園至羽田機場的航線。台灣飛東京的航線，在眾廉價航空中，是競爭激烈的航線之一，相對的對消費者來說，以上幾家廉價航空公司也會不定期推出便宜機票促銷活動，如果有機會搶到票，全家人一起出遊則能省下許多費用。

目前經營台灣日本航線的廉價航空選擇很多

能否搶到廉價航空機票要看運氣，一般來說，若非促銷時段購買的台灣到東京機票，成人機票大多落在含稅後 5000 ～ 8000 台幣不等（票價為浮動機制），而廉價航空的嬰兒票費用通常為 0~1800 元不等（未稅，依各航空嬰兒票價規定）。超過 2 歲的兒童票跟大人票價就是同價，如果想幫嬰兒買個人位置，也跟大人票價同價（選位都需要另加費用）。但相對來說，還是比傳統航空便宜，不過服務也大幅縮水，但疫情之後廉航機票票價已經沒有像疫情前那麼便宜，等過一陣子航班恢復程度更好後，票價才有可能比較降下來。廉價航空不提供嬰兒提籃、嬰兒 /兒童餐（要購買餐點要另外加價，但沒有兒童 / 嬰兒餐的選項），而且座位也比傳統航空小很多，如果是一個大人抱著一位嬰兒，空間頗為擁擠。

不過，尚有一些基本的服務，例如可以推嬰兒車到登機門前，但通常需在行李轉盤上領取，無法在下機艙門時拿。如果需要熱水泡牛奶，也可以跟空姐要，大部分航空都會給，少部分可能會拒絕或要求加價購買水。建議自行帶保溫瓶，入關之後找熱水機裝熱水帶上飛機。如果準備一些小餅乾或嬰兒食品給小朋友吃，通常也是可以，不過一般規定不能帶自己的餐飲上飛機，但因為飛機上沒有太多適合小朋友的食物，所以帶少量給小朋友墊墊肚子的食物是允許的。

❹ 座位空間不大，坐一個大人就有點擠 ❺ 飛機機艙安排通常是左三右三

台灣飛東京的廉價航空與嬰兒票相關規定列表

＊因廉航航班及規定會調整，若要得知最新情形請上各航空公司網站確認，並以航空公司最新公告為準。

航空名稱	台灣虎航 Tigerair	酷航	樂桃航空	捷星航空
東京航班	桃園⇄東京（成田機場）（羽田機場） 高雄⇄東京（成田機場）	桃園⇄東京（成田機場）	桃園⇄東京（羽田機場）	桃園⇄東京（成田機場）
嬰兒票價	單程 450 台幣（未稅） 需搭配一位成人票購買，一位成人可買一張嬰兒票	單程 1980 台幣（未稅） 需搭配一位成人票購買，一位成人可買一張嬰兒票	不須費用（未稅） 需搭配一位成人票購買，一位成人可買一張嬰兒票	單程 1000 台幣（未稅） 需搭配一位成人票購買，一位成人可買一張嬰兒票
免費手提行李限制	嬰兒無免費行李限額 可免費托運嬰兒推車	嬰兒無免費行李限額 可免費托運嬰兒推車	嬰兒無免費行李限額 可免費托運嬰兒推車	嬰兒無免費行李限額 可免費托運嬰兒推車
不額外提供的服務	無嬰兒吊床 無毯子 無嬰兒餐／兒童餐 無免費選位	無嬰兒吊床 無毯子 無嬰兒餐／兒童餐 無免費選位	無嬰兒吊床 無毯子 無嬰兒餐／兒童餐 無免費選位	無嬰兒吊床 無毯子 無嬰兒餐／兒童餐 無免費選位
官網				

＊嬰兒票價可能會變動，以航空公司官網查詢為準。

步驟四：選擇與安排東京住宿

東京住宿房價不便宜，商務旅館住宿也是走小而美的規格居多，但帶小嬰兒或小孩出門，首要還是要尋找空間較大、交通便利的房間，住起來會比較舒服。東京旅館分成五星級旅館、連鎖商務旅館、民宿等級，一般來說，通常都能讓未上小學前（滿6歲前）的孩子免費入住（日文為「添い寝」，不需要加床或加棉被），名額也是一位大人（住宿單人房）能帶一位未上小學的兒童免費入住。如果是兩位大人（住宿兩人房）能帶兩位未上小學的兒童免費入住，但須視房型跟床鋪大小而定。

若超出名額規定，飯店可能會要求訂購比較大的房型，或直接訂兩間雙人房。有些飯店會因為床鋪或房型考量，希望兩位大人帶兩個孩子的客人訂雙床房。有些飯店直接規定一間雙人房只能讓一位小孩免費入住，超出的名額需要加訂床或房間，須以每間飯店不同規定為準（請見日文官網上的規定，通常中文或英文網頁不一定會寫得這麼詳細）。某些連鎖商務旅館，例如東橫 inn 則能接受

12 歲以下兒童住宿免費，若要替兒童另加枕頭、棉被，需要另外加價。如果不確定，可直接寫 email 或打電話詢問飯店。少數幾間連鎖飯店能提供 12 歲以下兒童免費入住，例如東橫 INN、VIA INN 等。Super Hotel 各間規定不同，若要帶孩子入住，建議事先向飯店詢問清楚。

雖然東京旅館可讓學齡前兒童住宿免費，但許多雙人房型的床寬很小，有些只有 120公分寬，或是只有 140 公分寬，其實睡兩個大人就已經滿擠，再加上一位學齡前的孩子，其實非常挑戰睡眠舒適度，建議盡量能夠找160 公分床寬的房間，睡起來會比較舒服。整體來說，如果是一個大人帶一位小孩同行，建議找至少 15 平方米以上的房型，床寬至少140 公分以上；如果是兩位大人帶兩位學齡前孩子入住，最好找兩張 120 公分寬（以上）的床，或是 160 公分以上的床寬。

❶ 東橫 inn 房間 ❷ 兩大兩小（學齡前）入住請務必找雙床大房 ❸ 17 平方公尺的單人房 ❹ 14 平方公尺的單人房頗窄

日本房型

單人房 Single room
シングル

主要提供單人住宿的房型。這種房型的床寬從 110 ～ 140 公分都有。有些飯店會放到 140 公分寬的床型。若一位大人帶一位學齡前的兒童入住可選此房型。

雙人房 Double
ダブル
雙床房 twin room
ツインルーム

單人住宿的房型，床會分成一大床（床寬 140 ～ 160 公分都有）或兩小床（twin room ツインルーム，兩張床寬各 100 ～ 120 公分）。建議兩位大人最多帶兩位學齡前的兒童入住，但請確認好床寬，否則會睡得很不舒服。

小型雙人房 Semi-Double
セミダブル

日本專屬的特殊房型，是比單人房稍大的房間，裡面放了雙人床，建議兩位大人最多帶兩位學齡前的兒童入住（需事先與飯店確認），但請確認好床寬跟房間寬度，房間太小（小於 15 平方公尺以內）會非常擠。

三人房 Triple
トリプル

提供三人住宿的房型，在東京旅館裡少見，通常是一張雙人床配一張單人床的設備。這種房型可供兩位大人、一位小學以上的孩子跟一位學齡前的兒童入住。

女性專用房間 Ladies room
レディースルーム

日本很注重女性顧客，有些飯店會規劃出女性專屬樓層，房間內也特別為女性顧客準備比較好的吹風機、捲髮器跟備品等。不過，這樓層限女性入住（小孩不限），所以只有媽媽自己帶小孩入住才能享受。

女性樓層的備品
比較貼心

如何挑選交通方便的親子旅遊飯店

帶孩子出遊，免不了攜帶嬰兒推車、大行李一起同行，建議挑選離地鐵站近（走路至少在 10 分鐘內）、附近地鐵站出入口有電梯的旅館。如果想要知道附近地鐵站的出入口是否有電梯，只需要查詢該地鐵站的日文版車站內部構造圖即可。如果某一邊出入口只有手扶梯或電梯，就要做好需要搬推車的心理準備！

東京地鐵出入口是否有電梯，以「淺草站」為例，先到東京地鐵日文版官方網頁的「站の情報・路線図」裡，再點選「浅草」即可。找到「構内図」點進去，就能看到一個立體圖。淺草站有兩條線經過，一條是東京地鐵銀座線，另一條是都營浅草線。電梯的符號為一條藍色的柱子，如果你是搭都營浅草線，則兩邊月台都設有電梯。如果是搭銀座線，第一月台就沒有電梯，第二月台才有電梯。

其實，東京的交通不只東京地鐵，JR、都營跟私鐵都有可能會使用到。根據我的經驗來說，都營線路幾乎都有電梯，JR 找到電梯的機會也頗高，但東京地鐵卻不一定！目前許多地鐵站因為 2020 年東京奧運的緣故，都正積極的改裝設置電梯等相關設施，不過，目前還是有很多站出入口或換乘其他路線時沒有電梯或手扶梯，就請各位爸媽鍛鍊一下臂力吧！

我曾帶孩子到東京旅遊好幾次，知道查詢車站內部圖的重要性，如果事先知道這個站第幾號出口有電梯或手扶梯，幫助極大，因此本書都會將各個景點的交通、最近車站有無電梯、車站內部圖全都列出，只需要搭配可以連線上網的手機以 QR code 掃過，立刻就能知道車站內部圖！

JR 東京都內各站資訊

東京地鐵各站資訊

東京地鐵各站資訊

都營地下鐵各站資訊

❶ 建議找附近車站設有電梯的住宿旅館 ❷❸ 東京地鐵電梯不一定每站都有，電梯也很狹小 ❹ 如果沒電梯跟手扶梯時，就只好自行搬運

選擇住宿地點

東京飯店數量非常多，建議先排行程再來選擇住宿地點。如果想要去的地方集中在東京的東部（例如淺草、上野、東京鐵塔、迪士尼等地），選擇上野、淺草、東京車站、銀座等地的住宿點，可節省交通時間。

如果景點多集中在東京西部（例如三鷹吉卜力、藤子不二雄美術館、明治神宮、新宿御苑等地），選擇新宿、池袋或渋谷等位於東京西邊的飯店，交通往來會比較順暢。

另外提醒，新宿、渋谷、東京車站是東京非常大的車站，裡面的路線複雜度很高，如果是首次來東京的人選擇這幾個大站附近住宿，可能光是找出入口就會暈頭轉向。尤其以新宿跟渋谷複雜度最高，站內換線也要走很久，特別是推嬰兒車時還要找電梯，會花費不少時間。

❶❷ 新宿、渋谷都是超大型車站，複雜度很高

　　我通常會選擇小一點的站，地鐵路線不少，交通也方便，例如：淺草、上野、日本橋、銀座、品川都算是周邊較簡單，路線交會多的選擇。不過池袋站點繁忙，又緊鄰風化區，如果帶孩子，還是建議住在東口附近靠近車站的旅館比較好喔。

帶孩子遊日本住大房間比較舒適

選定想要住宿的區域，就要開始選擇訂房囉！
可參考以下訂房網

訂房網站類型	名稱	特色
中文訂房網站	ezfly、eztravel、雄獅、可樂旅遊、e路東瀛 / JAPANiCAN、燦星、東南旅行社、五福旅遊、鳳凰旅遊等	中文介面，使用起來舒適。也有客服可詢問，有問題較有保障。
國外訂房網站	Booking.com 、Agoda、Hotels.com、hotelscombined、trivago、Expedia、TripAdvisor等	有中文介面的外國訂房網站，訂房可能會被收取國外刷卡手續費用。
日本訂房網站	樂天（楽天トラベル）、Jalan（じゃらん）、一休、rurubu（るるぶ）、JTB、Yahoo! トラベル	資料詳盡，床寬、房間大小、帶孩子幾歲可免費住宿、是否可以加床等等規定，其他語言網站不一定如此詳盡。另外日本訂房網站採信任制，多半不需先付清費用，到現場再付款。
其他管道	各大飯店官網	也有多國語言介面，包括中文。

親子旅遊入住東京旅館挑選及注意事項：

- 東京因為地狹人稠，物價相對台灣來說也高，所以飯店價格一天雙人房預算至少都要 2500 台幣以上，尤其帶孩子一起旅遊，也不能住太狹小的房間，只能多花點錢來住舒適點的空間了。

- 東京旅館住宿幾乎皆以人頭價格顯示，例如雙人房兩人住宿，一人價格為 6000 日幣，兩人房就是 12000 日幣，也要看清楚是含稅（稅込）還是未稅價（稅抜き）喔。

- 另外免費入住的兒童，大部分旅館規定必須要跟一樣數目的大人一起入住。例如：一位大人可帶一位兒童免費入住，兩位大人可帶兩位。一位大人無法帶兩位兒童免費入住，除非付雙人房費。相關規定如有疑問請務必寫信詢問飯店最為準確。

- 若另外有訂飯店早餐，兒童享用免費早餐的年齡各家有不同規定，不一定免費入住就能免費享用早餐，請洽飯店確認。

東京商務旅館空間不大

來東京旅遊該如何選擇合法民宿？

前往日本旅遊的人愈來愈多，想尋找附設廚房跟洗衣機的公寓式短期住宿需求也日益增多。東京因為地狹人稠，飯店住宿空間通常都不大，想要找有廚房、洗衣機的飯店，就只能往少數幾家有類似房型的連鎖飯店尋覓。但如果追求有「家」的感覺，有個小客廳，起居室跟臥室分隔開來的空間，或許可以考慮找民宿。東京民宿雖然很多，但許多都是非法民宿，曾出現過不少問題，例如訂了房也付了全額費用，到了現場卻無法進入房間，或者有問題時投訴無門，或是被舉報後被趕出去，這些其實都時有所聞。

於是日本政府於 2017 年制定了「住宅宿泊事業法」，一步步規定在住宅區開放民宿經營（日本稱為民泊），並規定於 2018 年 3 月 15 日後開放各民宿至轄屬區政府登記，且在日本中央政府的大方向統一標準內，各區政府可以制定細則。2018 年 6 月 15 日起，日本全面實施「住宅宿泊事業法」，已經合法登記過的民宿就能開始經營，而未完成登記的則成為非法民宿，將由各區政府進行查緝掃蕩。2018 年 6 月 15 日之後的合法民宿，門上會貼有圖示的淺藍色標示，並且會登記住宿者的護照號碼跟資料。

合法民宿門上都要貼這個淡藍色標示

雖然聽起來是大利多，感覺 2018 年 6 月 15 日之後的東京合法民宿應該如雨後春筍般崛起，但其實卻不然。因為各區政府規定嚴厲程度不一，東京 23 區中大部分是反對在住宅區開放民宿經營的，例如新宿區就規定若於住宅專用地開設民宿，週一～週五中午都不能經營，只開放週五中午以後到週日這段期間，並且有一年不得超過上限 180 天的限制。受到許多遊客喜愛的上野、淺草所位在的台東區，也有類似的限制，而且還更嚴格；若無管理員的民宿，從週一到週六中午都不能經營。但也有少數區相對寬鬆，例如池袋位於的豐島區，以及原本就已經開放民宿的大田區，就只有限定一年只能 180 天上限的限制。

如果民宿想要經營一年超過 180 天以上，則必須要符合旅館法規，無法適用於「住宅宿泊事業法」的民泊規定來申請，而日本的旅館法規更為嚴厲。有些獨棟的合法民宿（例如京都一軒家類型），都是申請旅館法規合格才能全年營業的，同時也擁有合法執照，這種房源與以上所介紹的民宿（民泊）不同喔！

2018 年 6 月 15 日之後，在各大訂房網站上所刊登的民宿，如果沒有列出合法證號，最好也不要冒險預訂，因為並不確定其是否合法。另外，也要小心一些訂房網站上的公寓型房型（未寫明 Hotel 旅館字樣），有可能是非法民宿魚目混珠名列其上。不過，日本有個專門經營合法民宿的訂房網站 Stay Japan，在網站上看到的民宿或旅館，都是經過他們審核過合法才予以刊登，如果想在日本訂民宿的爸媽們，可參考 Stay Japan 網站上的房間，或者在以下推薦的東京飯店中，從少數幾間附設有廚房、洗衣機空間的飯店中挑選。

2

3

Stay Japan
日本合法民宿網站

❶ 住合法民宿才會有家的安心感 ❷ 廚房跟起居室為民宿的最大賣點 ❸ Stay Japan 網站上的民宿皆為合法經營

東京車站區域

東京香格里拉大飯店
シャングリ・ラ ホテル東京

單人房　雙人房　三人房

兒童免費：12 歲以下

嬰兒床（需預約）

房間為 50 平方公尺以上大房，12 歲以下免費入住（但一張床只能帶一位兒童免費入住，若兩大兩小則建議訂雙床房），提供嬰兒床。機場利木津巴士直達。

- 地　址：〒 100-8283 東京都千代田区丸の内 1-8-3 丸の内トラストタワー本館
- 地鐵站：東京站八重洲北口

 官網　 訂房　 地圖

東京車站飯店
東京ステーションホテル

單人房　雙人房

兒童免費：12 歲以下

嬰兒床（需預約）

房間為 26 平方公尺以上大房，12 歲以下免費入住（但一張床只能帶一位兒童入住，兩大兩小建議訂雙床房），提供嬰兒床。

- 地　址：〒 100-0005 東京都千代田区丸の内 1-9-1 JR
- 地鐵站：東京站丸之内南口直通

 官網　 訂房　 地圖

丸之內大都會飯店
ホテルメトロポリタン丸の内

單人房　雙人房

兒童免費：12 歲以下

嬰兒床（需預約）

房間為 22 平方公尺以上大房，12 歲以下免費入住，提供嬰兒床。

- 地　址：〒 100-0005 東京都千代田区丸の内 1-7-12 サピアタワー 27 樓～ 34 樓
- 地鐵站：東京站日本橋口直通

 官網　 訂房　 地圖

萬豪東京車站萬怡飯店
Courtyard by Marriott Tokyo Station
コートヤード・バイ・マリオット　東京ステーション

單人房　雙人房

兒童免費：6 歲以下

房間為 16 平方公尺以上房型，6 歲以下免費入住。

- 地　址：〒 104-0031 東京都中央区京橋 2-1-3
- 地鐵站：東京站八重洲南口／東京地鐵「京橋站」（最近）

 官網　 訂房　 地圖

中價：雙人房價為一晚一萬五至三萬日幣（約台幣 4000 ～ 8000 元）

八重洲龍名館飯店
ホテル龍名館東京

| 單人房 | 雙人房 |
| 三人房 | 四人房 |

兒童免費：6 歲以下

嬰兒床（需預約）

房間為 17.5 平方公尺起跳，6 歲以下免費入住。

- 地　　址：〒 103-0028 東京都中央区八重洲 1-3-22
- 地鐵站：東京站八重洲北口／地鐵東西線日本橋 A3 出口

 官網　 訂房　 地圖

相鐵 Fresa 東京京橋
相鉄フレッサイン東京京橋

| 單人房 | 雙人房 |
| 三人房 | 四人房 |

兒童免費：6 歲以下

房型為 23 平方公尺雙床房型，適合兩大兩小居住，6 歲以下免費入住。也有 28 平方公尺的大房間，適合四人居住。

- 地　　址：〒 104-0031 東京都中央区京橋 2-11-1
- 地鐵站：都営地下鉄浅草線宝町站（最近）／東京地鐵銀座線京橋站

 官網　 訂房　 地圖

MIMARU 美滿如家飯店 東京水天宮前

| 四人房 | 五人房 | 九人房 |

兒童免費：6 歲以下，一房內最多 2 位兒童入住免費

嬰兒床（需預約）

附廚房及公用洗衣機

房間皆為附設廚房、餐桌的公寓式飯店。洗衣機位於 1 樓公共區域。房間分為和室跟洋室，都是 35 平方公尺起跳的大房型，適合家庭帶孩子入住，或較多人數一同入住。若人數少希望住得有家的感覺，也很適合。

- 地　　址：〒 103-0015 東京都中央区日本橋箱崎町 17-6
- 地鐵站：東京地鐵半蔵門線水天宮前站（2 號出口，走路 3 分鐘可到達）

 官網　 訂房　 地圖

東急 Stay 日本橋
東急ステイ日本橋

單人房　雙人房

兒童免費：6 歲以下

📷 附廚房及洗衣機

房間為 16、17、28 平方公尺以上房型，6 歲以下免費入住。房間內有廚房、洗衣機（依房型不同設施稍有不同）。若攜帶 6 歲以下幼兒入住，預定時只須要輸入大人人數，在備註欄寫明兒童人數及年齡即可。

- 地　址：〒 103-0023 東京都中央区日本橋本町 4-7-9
- 地鐵站：JR 新日本橋站（最近）

 官網　　 訂房　　 地圖

相鐵 Fresa 日本橋人形町
相鉄フレッサイン
日本橋人形町

單人房　雙人房

兒童免費：6 歲以下

房間為 16、18 及 24 平方公尺房型，6 歲以下免費入住（一個房間一名兒童免費入住）。

- 地　址：〒 103-0014 東京都中央区日本橋蛎殻町 1-15-4
- 地鐵站：東京地鐵半藏門線水天宮前站

 官網　　 訂房　　 地圖

東橫 INN 東京日本橋三越前 A4

單人房　雙人房

兒童免費：12 歲以下

經濟雙人房，12 歲以下免費入住，床寬為 140 公分，至東橫 inn 官網訂房即可。加入會員住 10 晚送 1 晚單人房。

- 地　址：〒 103-0024 東京都中央區日本橋小舟町 11-12
- 地鐵站：東京地鐵日比谷線或都營淺草線人形町站／銀座線或半藏門線三越前站／JR 總武快速新日本橋站／地鐵日比谷線小傳馬町站

 官網　　 地圖

上野淺草區域

◆◆◆

錦系町樂天都市飯店
ロッテシティホテル錦糸町

單人房　雙人房　三人房

兒童免費：6 歲以下

嬰兒床（需預約）

房間為 17、23、25 平方公尺以上房型。6 歲以下免費入住，1 歲以下孩童可預約嬰兒床。交通方便，附近有阿卡將。錦系町附近有直達迪士尼樂園巴士。

- 地　址：〒 130-0013 東京都墨田区錦糸 4-6-1
- 地鐵站：東京地鐵半藏門線錦糸町站 5 號出口直通／JR 総武線錦糸町站北口

 官網　　 訂房　　 地圖

THE GATE HOTEL 雷門 by HULIC
ザ・ゲートホテル雷門 by HULIC

單人房　雙人房　三人房

兒童免費：12 歲以下

嬰兒床（需預約）

房間為 15、24、32 平方公尺以上房型，12 歲以下免費入住（一張床一名 12 歲以下兒童可免費入住），2 歲以下孩童可預約嬰兒床，交通方便。

- 地　　址：〒 111-0034 東京都台東区雷門 2-16-11
- 地鐵站：東京地鐵銀座線「浅草站」（最近）／都営地下鉄浅草線「浅草站」

 官網　 訂房　 地圖

三井上野花園飯店
三井ガーデンホテル上野

單人房　雙人房

兒童免費：6 歲以下

房間為 18、20、22、25 平方公尺房型，有熊貓主題房、6 歲以下免費入住，到上野恩賜公園交通方便。

- 地　　址：〒 110-0015 東京都台東区東上野 3-19-7
- 地鐵站：JR 山手線上野站浅草口（最近）／東京地鐵銀座線、日比谷線／京成上野站

 官網　 訂房　 地圖

MIMARU 美滿如家飯店 東京上野 NORTH

四人房　六人房　八人房

兒童免費：6 歲以下，一房內最多 2 位兒童入住免費

嬰兒床（需預約）

📷 附廚房及公用洗衣機

房間皆為附設廚房、餐桌的公寓式飯店。洗衣機位於 2 樓公共區域。都是大房型，從 34 平方公尺起跳，適合家庭帶孩子入住，或較多人數一同入住。若人數少希望住得有家的感覺，也很適合，到上野恩賜公園交通方便。

- 地　　址：〒 110-0005 東京都台東区上野 7 丁目 14-4
- 地鐵站：JR「上野駅」入谷口走路 4 分鐘即可到達

 官網　 訂房　 地圖

東京黎凡特東武飯店
東武ホテルレバント東京

單人房　雙人房

三人房　四人房

兒童免費：6 歲以下

嬰兒床（需預約）

房間為 18、28 平方公尺房型，6 歲以下免費入住。有嬰兒床但需預約。機場利木津巴士可直達。附近有阿卡將，也有到迪士尼樂園直達巴士。

- 地　　址：〒 130-0013 東京都墨田区錦糸町 1 丁目 2 番 2 号
- 地鐵站：JR 総武線錦糸町站北口／東京地鐵半蔵門線、錦糸町站

 官網　 訂房　 地圖

平價：雙人房價為一晚一萬五日幣以下（約台幣 4000 以下）

上野燦路都星辰大飯店
ホテルサンルート "ステラ" 上野

單人房　雙人房

兒童免費：6 歲以下

房間為 14、16、18、24 平方公尺房型，6 歲以下免費入住，離上野恩賜公園很近。
- 地　　址：〒 110-0005 東京都台東區上野 7-7-1
- 地鐵站：JR 上野站淺草口／東京地鐵銀座線、日比谷線／京成上野站

 官網　 訂房　 地圖

淺草 B:CONTE 飯店
ビーコンテ浅草

單人房　雙人房　三人房

兒童免費：6 歲以下

 附廚房及洗衣機

20-40 平方公尺的房型都有，6 歲以下免費入住，房間內附廚房、洗衣機。
- 地　　址：〒 111-0032 東京都台東區浅草 2-4-2
- 地鐵站：筑波快線（つくばエクスプレス）浅草站（最近，但這條線路不方便）
東京地鐵銀座線浅草站／銀座線田原町站／都営地下鉄浅草線浅草站

 官網　 訂房　 地圖

上野 Villa Fontaine 飯店
ヴィラフォンテーヌ上野

單人房　雙人房

兒童免費：6 歲以下

房間為 16、20 平方公尺房型，6 歲以下免費入住（一個房間一名兒童免費入住），床寬為 140 公分，皆附早餐。
- 地　　址：〒 111-0056 東京都台東區小島 2-4-4
- 地鐵站：地下鉄大江戸線新御徒町站／地下鉄日比谷線仲御徒町站／
JR 線御徒町站

 官網　 訂房　 地圖

Vessel Inn 淺草筑波快線飯店
ベッセルイン浅草
つくばエクスプレス

單人房　雙人房　三人房

四～六人房

兒童免費 18 歲以下

嬰兒床（需預約）

這間飯店為 2023 年新開飯店，雖然離都営跟東京地鐵的淺草站比較遠，但離筑波快線的淺草站還算近。Vessel Inn 的客房能讓 18 歲以下小孩同住免費（一床一位小孩免費），這讓家庭出遊時也能節省許多預算，也有達 6 人可同住的房型，選擇多元。
- 地　　址：〒 111-0031 東京都台東區千束 1 丁目 15 番 1 号
- 地鐵站：筑波快線（つくばエクスプレス）浅草站（最近，但這條線路不方便）
東京地鐵銀座線浅草站／銀座線田原町站／都営地下鉄浅草線浅草站

 官網　 訂房　 地圖

新宿區域

◆◆◆◆◆◆◆◆◆◆◆◆◆◆◆◆◆◆◆◆◆◆◆◆◆◆◆◆◆◆◆◆◆◆◆◆◆◆◆

高價：雙人房價為一晚三萬日幣起（約台幣 8000 起）

東京希爾頓飯店
ヒルトン東京

單人房　雙人房
三人房　四人房
兒童免費：6 歲以下
嬰兒床（需預約）

房間為 28 平方公尺以上大房，6 歲以下免費入住，提供嬰兒床。6 歲以上兒童早餐另計。有嬰兒床，需付費 1000 日幣。機場利木津巴士直達。

- 地　　址：〒 160-0023 東京都新宿区西新宿 6-6-2
- 地鐵站：東京地鐵丸之內線西新宿站（最近）／ JR 新宿站／
　　　　　都営大江戶線都庁前站

 官網　　 訂房　　 地圖

京王廣場飯店
京王プラザホテル

單人房　雙人房
三人房　四人房
兒童免費：6 歲以下
嬰兒床（需預約）

房間為 23 平方公尺以上大房，6 歲以下免費入住，提供嬰兒床（1 歲以內嬰兒使用，需預約）。機場利木津巴士直達。有直達東京迪士尼巴士。

- 地　　址：〒 160-8330 東京都新宿区西新宿 2-2-1
- 地鐵站：JR 新宿站西口／京王線、小田急線、東京地鐵丸之內線、都営新宿線
　　　　　新宿站／都営大江戶線都庁前站

 官網　　 訂房　　 地圖

中價：雙人房價為一晚一萬五至三萬日幣（約台幣 4000 ～ 8000 元）

JR 九州飯店 Blossom 新宿
ＪＲ九州ホテル ブラッサム 新宿

單人房　雙人房
兒童免費：6 歲以下
嬰兒床（需預約）

房間為 18 平方公尺以上大房，6 歲以下免費入住，提供嬰兒床。

- 地　　址：〒 151-0053 東京都渋谷区代々木 2-6-2
- 地鐵站：JR、小田急線、京王線新宿站南口

 官網　　 訂房　　 地圖

新宿王子大飯店
新宿プリンスホテル

単人房　雙人房　三人房

兒童免費：12 歲以下

嬰兒床（需預約）

房間為 30 平方公尺以上大房，12 歲以下免費入住，提供嬰兒床（給 1 歲以內嬰兒使用，需預約）。

- 地　　址：〒 160-8487 東京都新宿区歌舞伎町 1-30-1
- 地鐵站：西武新宿站／ JR 線、地下鉄、小田急線、京王線の新宿站／
  都営大江戸線新宿西口站

 官網　　 訂房　　 地圖

新宿燦路都廣場大飯店
ホテルサンルートプラザ新宿

単人房　雙人房

兒童免費：6 歲以下

房間為 15、23 平方公尺房型，6 歲以下免費入住。

- 地　　址：〒 151-0053 東京都渋谷区代々木 2-3-1
- 地鐵站：JR 各線、小田急線、新宿站南口／都営地下鉄大江戸線、新宿線新宿站

 官網　　 訂房　　 地圖

格拉斯麗新宿飯店
ホテルグレイスリー新宿

単人房　雙人房

兒童免費：6 歲以下

嬰兒床（需預約）

房間為 18、24、28、32 平方公尺房型，6 歲以下免費入住（一張床讓一位 6 歲以下小孩免費）。飯店為 2015 年 4 月開幕，為歌舞伎町新地標，可以去參觀哥吉拉像。

- 地　　址：〒 160-0021 東京都新宿区歌舞伎町 1-19-1
- 地鐵站：JR 新宿站東口／西武新宿站

 官網　　 訂房　　 地圖

平價：雙人房價為一晚一萬五日幣以下（約台幣 4000 以下）

東急 STAY 新宿

単人房　雙人房

兒童免費：6 歲以下

附廚房及洗衣機

房間為 14、15、22 平方公尺以上房型，6 歲以下免費入住。房間內有廚房、洗衣機（依房型而定）。若攜帶 6 歲以下幼兒入住，預定時只須要輸入大人人數，在備註欄寫明兒童人數及年齡即可。

- 地　　址：〒 160-0022 東京都新宿区新宿 3 丁目 7-1
- 地鐵站：都営地下鉄新宿線、東京鐵丸之內線／副都心線「新宿三丁目站」／
  JR 山手線新宿站東口

 官網　　 訂房　　 地圖

VIA INN 新宿
ヴィアイン新宿

[單人房] [雙人房]
[兒童免費：12 歲以下]

房間為 15、18 平方公尺以上房型，12 歲以下免費入住（如果兩大一小可以直接入住大床雙人房，但兩大兩小建議訂雙床雙人房）。請直接於官網訂房。

- 地　　址：〒 160-0022 東京都新宿区新宿 5-11-16
- 地鐵站：丸ノ内線、副都心線、都営新宿線新宿三丁目站 /JR 新宿站

 官網　　 地圖

東橫 INN 東京新宿歌舞伎町

[單人房] [雙人房]
[兒童免費：12 歲以下]

有雙人房及豪華雙床房，12 歲以下免費入住，請直接於官網訂房。

- 地　　址：〒 160-0021 東京都新宿区歌舞伎町 2-20-15
- 地鐵站：地鐵副都心線東新宿站 / 都營地鐵大江戶線東新宿站 /
　　　　　地鐵丸之內線新宿三丁目站

 官網　　 地圖

池袋區域

高價：雙人房價為一晚三萬日幣起（約台幣 8000 起）

池袋大都會大飯店
ホテルメトロポリタン

[單人房] [雙人房]
[兒童免費：6 歲以下]
[嬰兒床（需預約）]

房間為 17、20、23、27 平方公尺大房，6 歲以下免費入住，限一床一位兒童免費入住。提供嬰兒床。機場利木津巴士直達。

- 地　　址：〒 171-8505 東京都豊島区西池袋 1 丁目 6 番 1 号
- 地鐵站：池袋站（西口）

 官網　　 訂房　　 地圖

池袋百夫長飯店
センチュリオンホテル池袋

[單人房] [雙人房] [三人房]
[兒童免費：6 歲以下]
[嬰兒床（需預約）]

房間為 14、18、22、28 平方公尺大房，6 歲以下免費入住，提供嬰兒床。離池袋東口非常近，交通便利。

- 地　　址：〒 170-0013 東京都豊島区東池袋 1-8-9
- 地鐵站：池袋站（東口）

 官網　　 訂房　　 地圖

池袋太陽城王子飯店
サンシャインシティプリンスホ

單人房　雙人房

三人房　四人房

兒童免費：12 歲以下

嬰兒床（需預約）

離池袋站東口雖然比較遠（要走 8 分鐘以上），但房型很多，又有池袋太陽城商場及水族館可逛，適合親子住宿。房間為 16、20、29、37 平方公尺以上大房，12 歲以下免費入住，提供嬰兒床（1 歲以內嬰兒使用，需預約）。機場利木津巴士直達。

- 地　　址：〒 170-8440 東京都豊島区東池袋 3-1-5
- 地鐵站：池袋站（東口）、東京地鐵有楽町線東池袋站

 官網　 訂房　 地圖

平價：雙人房價為一晚一萬五日幣以下（約台幣 4000 以下）

東急 STAY 池袋

單人房　雙人房

兒童免費：6 歲以下

🔲 附廚房及洗衣機

房間為 15-16 平方公尺房型，6 歲以下免費入住（跟一位成人）。房間內有廚房、洗衣機。若攜帶 6 歲以下幼兒入住，預定時只須要輸入大人人數，在備註欄寫明兒童人數及年齡即可。

- 地　　址：〒 171-0014 東京都豊島区池袋 2-12-2
- 地鐵站：池袋站（西口）

 官網　 訂房　 地圖

東橫 INN 池袋北口第一
東橫イン池袋北口 1

單人房　雙人房

兒童免費：12 歲以下

有雙人房及豪華雙床房，12 歲以下免費入住。跟東橫 INN 池袋北口第二很近，請直接上官網訂房。請注意：池袋北口治安比較不好。

- 地　　址：〒 171-0014 東京都豊島区池袋 2-50-5
- 地鐵站：池袋站（北口）

 官網　 地圖

池袋東口大和
Roynet 飯店
DEL style 池袋東口 by Daiwa Roynet Hotel

單人房　雙人房

兒童免費：12 歲以下

嬰兒床（需預約）

這間飯店為 2023 年新開飯店，離池袋站東口很近。大和 Roynet 能讓 12 歲以下小孩同住免費（一床一位小孩免費），這讓家庭出遊時也能節省許多預算，房間為 15 平方公尺以上的稍大房型，住起來很舒服。

- 地　　址：〒 171-0022 東京都豊島区南池袋 1-20-8
- 地鐵站：JR/ 東京地鐵 / 西武鐵道 / 東武鐵道 池袋站東口

 官網　 訂房　 地圖

品川區域

中價：雙人房價為一晚一萬五至三萬日幣（約台幣 4000～8000 元）

品川王子大飯店
品川プリンスホテル

單人房　雙人房

兒童免費：6 歲以下

嬰兒床（需預約）

房間為 20、26、33 平方公尺大房，6 歲以下免費入住，提供嬰兒床（需事先預約，限定 10 個月以下嬰兒）。機場利木津巴士直達。參觀 Maxell Aqua Park 品川水族館出示房卡有優惠。

- 地　　址：〒 108-8611 東京都港区高輪 4-10-30
- 地鐵站：品川站（高輪口）

 官網　　 訂房　　 地圖

新高輪格蘭王子大飯店
グランドプリンスホテル新高輪

單人房　雙人房

三人房　四人房

兒童免費：6 歲以下

嬰兒床（需預約）

房間為 29、38 平方公尺以上大房，6 歲以下免費入住，提供嬰兒床（需事先預約，限定 10 個月以下嬰兒）。機場利木津巴士直達。參觀 Maxell Aqua Park 品川水族館出示房卡有優惠。

- 地　　址：〒 108-8612 東京都港区高輪 3-13-1
- 地鐵站：品川站（高輪口）

 官網　　 訂房　　 地圖

高輪格蘭王子大飯店
グランドプリンスホテル高輪

單人房　雙人房　三人房

兒童免費：6 歲以下

嬰兒床（需預約）

房間為 21、24、26 平方公尺以上大房，6 歲以下免費入住，提供嬰兒床（需事先預約，限定 10 個月以下嬰兒）。機場利木津巴士直達。參觀 Maxell Aqua Park 品川水族館出示房卡有優惠。

- 地　　址：〒 108-8612 東京都港区高輪 3-13-1
- 地鐵站：品川站（高輪口）

 官網　　 訂房　　 地圖

平價：雙人房價為一晚一萬五日幣以下（約台幣 4000 以下）

東橫 INN 品川站高輪口
東橫イン品川站高輪口

| 單人房 | 雙人房 |
| 兒童免費：12 歲以下 |

有雙人房房型，12 歲以下免費入住。這家東橫 inn 交通非常方便，十分熱門。請直接上官網訂房。

- 地　　址：〒 108-0074 東京都港区高輪 4-23-2
- 地鐵站：品川站（高輪口）

 官網　 地圖

東急 STAY 高輪
東急ステイ高輪

| 單人房 | 雙人房 |
| 兒童免費：6 歲以下 |
| 附洗衣機 |

東急 STAY 系列飯店的好處，就是房間內有洗脫烘洗衣機跟微波爐（廚房設備依房型而定），對於家庭出遊來說很方便。這間飯店離 JR 山手線的高輪ゲートウェイ站跟都營淺草線的泉岳寺站都很近，房間空間也大，從 18 平方公尺起跳。

- 地　　址：〒 108-0074 東京都港区高輪 2-16-29
- 地鐵站：JR 山手線、京浜東北線的高輪ゲートウェイ站 / 都營淺草線泉岳寺站

 官網　 訂房　 地圖

東京巨蛋區域（水道橋）

高價：雙人房價為一晚三萬日幣起（約台幣 8000 起）

東京巨蛋飯店
東京ドームホテル

| 單人房 | 雙人房 |
| 三人房 | 四人房 |
| 兒童免費：6 歲以下 |
| 嬰兒床（需預約） |

房間大，最小的也有 26 平方公尺以上，飯店裡設有幼兒遊戲室。飯店也可以提供兒童用浴袍、拖鞋等備品。東京巨蛋裡面就有遊樂設施與購物商場。

- 地　　址：〒 112-8562 東京都文京区後楽 1-3-61
- 地鐵站：JR 水道橋站

 官網　 訂房　 地圖

迪士尼樂園區域（舞濱）

位於迪士尼園區內　高價：雙人房價為一晚三萬日幣起（約台幣 8000 起）好處：可購買迪士尼入場票券（入園保證）、接駁巴士、能在開園前 15 分鐘提早入園，也能見到迪士尼明星喔！

迪士尼大使大飯店
ディズニーアンバサダーホテル

| 單人房 | 雙人房 | 三人房 |

| 四人房 | 五人房 |

兒童免費：6 歲以下

嬰兒床（需預約）

房間為 34 平方公尺以上大房，特別有米奇／米妮／唐老鴨主題客房，6 歲以下免費入住（限一張床跟一位成人），有嬰兒床。機場利木津巴士直達。

- 地　　址：〒 279-8522 千葉縣浦安市舞浜 2-11
- 地鐵站：JR 京葉線・武蔵野線舞浜站（南口）

 官網　　 訂房　　 地圖

迪士尼海洋觀海景飯店
東京ディズニーシー・ホテル
ミラコスタ

| 單人房 | 雙人房 |

| 三人房 | 四人房 |

兒童免費：6 歲以下

嬰兒床（需預約）

房間為 37、43 平方公尺以上大房，6 歲以下免費入住（限一張床跟一位成人），有嬰兒床。部分房型附有推拉床。機場利木津巴士直達，請上官網訂房。

- 地　　址：〒 279-8519 千葉縣浦安市舞浜 1-13
- 地鐵站：JR 京葉線・武蔵野線舞浜站（南口），再換乘迪士尼園區內「迪士尼度假區線」至海濱站（ベイサイド・ステーシ）下

 官網　　 地圖

東京迪士尼樂園大飯店
東京ディズニーランドホテル

| 單人房 | 雙人房 |

| 三人房 | 四人房 |

兒童免費：6 歲以下

嬰兒床（需預約）

房間為 40、57、59 平方公尺以上大房，6 歲以下免費入住（限一張床跟一位成人），有嬰兒床。部分房型附有推拉床。機場利木津巴士直達，請上官網訂房。

- 地　　址：〒 279-8505 千葉縣浦安市舞浜 29 － 1
- 地鐵站：JR 京葉線・武蔵野線舞浜站（南口）

 官網　　 地圖

東京迪士尼樂祥飯店
東京ディズニーセレブレーションホテル

| 雙人房 | 三人房 |
| 四人房 | 五人房 |

兒童免費：6 歲以下

嬰兒床（需預約）

房間為 29、32、39 不等的大房型，6 歲以下免費入住（限一張床跟一位成人），有嬰兒床。為迪士尼樂園區價格較平易近人的飯店，但地點也較偏遠。

- 地　址：〒 279-8502 千葉縣浦安市明海 7-1-1
- 地鐵站：JR 京葉線‧武蔵野線舞浜站下車，再由「東京迪士尼樂園巴士＆計程車總站」搭乘免費接駁巴士

 官網　 訂房　 地圖

迪士尼附近區域（舞濱、東京灣）

中價：雙人房價為一晚一萬五至三萬日幣（約台幣 4000 ～ 8000 元）

東京灣喜來登大飯店
シェラトングランデトーキョーベイホテル

| 單人房 | 雙人房 | 三人房 |
| 四人房 | 五人房 | 六人房 |

兒童免費：6 歲以下

嬰兒床（需預約）

房間為 36、40、54 平方公尺以上大房，6 歲以下免費入住（一張床免費讓一位兒童入住），提供嬰兒床（需預約）。飯店內也有專屬的幼兒遊戲區。機場利木津巴士直達。

- 地　址：〒 279-0031 千葉縣浦安市舞浜 1-9
- 地鐵站：JR 京葉線‧武蔵野線舞浜站（南口），再換乘迪士尼園區內「迪士尼度假區線」至海濱站（ベイサイド‧ステーシ）下

 官網　 訂房　 地圖

希爾頓東京灣大飯店
ヒルトン東京ベイ

| 單人房 | 雙人房 | 三人房 |
| 四人房 | 五人房 | 六人房 |

兒童免費：6 歲以下

嬰兒床（需預約）

房間為 35、40 平方公尺以上大房，6 歲以下免費入住（一張床免費讓一位兒童入住），提供嬰兒床（限 2 歲以內，需預約）。飯店內有特色魔法房，也有專屬的幼兒遊戲區。機場利木津巴士直達。

- 地　址：〒 279-0031 千葉縣浦安市舞浜 1-8
- 地鐵站：JR 京葉線‧武蔵野線舞浜站（南口），再換乘迪士尼園區內「迪士尼度假區線」至海濱站（ベイサイド‧ステーシ）下

 官網　 訂房　 地圖

東京灣舞濱酒店琺爾斯特度假村
東京ベイ舞浜ホテル ファーストリゾート

單人房　雙人房　三人房
四人房　五人房　六人房
兒童免費：6 歲以下
嬰兒床（需預約）

原先為東京廣場燦路都大飯店，後改成東京灣舞濱酒店琺爾斯特度假村 。房間為 26、33、43 平方公尺以上大房，6 歲以下免費入住（跟一位成人），提供嬰兒床（需預約）。機場利木津巴士直達。

- 地　　址：〒 279-0031 千葉縣浦安市舞浜 1-6
- 地鐵站：JR 京葉線‧武藏野線舞浜站（南口），再換乘迪士尼園區內「迪士尼度假區線」至海濱站（ベイサイド・ステーシ）下

 官網　 訂房　 地圖

東京灣大倉飯店
ホテルオークラ東京ベイ

單人房　雙人房
三人房　四人房
兒童免費：12 歲以下
嬰兒床（需預約）

房間為 44 平方公尺以上大房，12 歲以下免費入住，提供嬰兒床（需預約）。機場利木津巴士直達。

- 地　　址：〒 279-8585 千葉縣浦安市舞浜 1-8
- 地鐵站：JR 京葉線‧武藏野線舞浜站（南口），再換乘迪士尼園區內「迪士尼度假區線」至海濱站（ベイサイド・ステーシ）下

 官網　 訂房　 地圖

東京灣舞濱飯店
東京ベイ舞浜ホテル

單人房　雙人房　三人房
四人房　五人房　六人房
兒童免費：6 歲以下
嬰兒床（需預約）

房間為 32 平方公尺以上大房，6 歲以下免費入住（跟一位成人），提供嬰兒床（需預約）。機場利木津巴士直達。

- 地　　址：〒 279-0031 千葉縣浦安市舞浜 1-34
- 地鐵站：JR 京葉線‧武藏野線舞浜站（南口），再換乘迪士尼園區內「迪士尼度假區線」至海濱站（ベイサイド・ステーシ）下

 官網　 訂房　 地圖

步驟五：帶小孩出遊省空間行李打包術

當了爸媽後就知道，帶孩子一同出遊不是一件輕鬆的事情。以前出國旅行說走就走，行李可以收得簡單又輕鬆，但帶孩子一起出遊可就沒這麼容易了，尤其小孩年紀愈小，需要攜帶的東西愈多，一次帶兩個孩子出門，行李更是爆炸不只兩倍以上。不過，其實還是有些小撇步能讓你輕鬆打包、節省空間。

首先，建議拿張白紙把需要帶的東西清單條列先寫下，一方面不會忘記，另一方面可檢視是否帶了過多的東西。

- [ ] 護照（請檢查效期是否有 6 個月以上）

- [ ] 機票、旅館預約單（一定要列印備份）

- [ ] 現金、信用卡

- [ ] 衣物（幾天 × 幾件上衣、褲子、襪子、帽子）

- [ ] 尿布（最占空間）

- [ ] 奶粉（大一點的小孩可以到當地買鮮奶替代，若是固定喝某種廠牌奶粉的孩子，請記得帶足份量）

- [ ] 擠奶器、母乳袋（依實際需要選擇性攜帶）

- [ ] 奶瓶（1~2 支即可，建議帶 PPSU，玻璃的很重）

- [ ] 副食品、悶燒罐、餐具、水壺（洗水壺的細小刷子）、圍兜等

- [ ] 備用藥品（發燒、腹瀉、其他特殊用藥）

- [ ] 耳溫槍（萬一發燒可以量體溫）

- [ ] 插頭保護蓋、封箱膠帶（依小孩頑皮程度斟酌，通常適用於學步兒）

- [ ] 打發時間的書籍、玩具等

以上行李打包起來體積真的很驚人！到底該如何打包才能省空間？教大家幾個訣竅。其中最占空間的行李為尿布 > 衣物 > 奶粉、奶瓶 > 燜燒罐、擠奶器，其他都算是好塞又好分裝的小物品。

尿布

尿布可以直接從家裡帶去，小包裝的分量非常方便旅行，有些品牌有出小包裝，或是可以從家裡的大包裝拿一半出來，帶另一半即可。如果打算在日本當地購買尿布時請注意，在日本當地能買到的通常是 40 ～ 60 片的大包裝，幾乎很少看到 30 片以下的包裝，便利商店裡賣的尿布通常是 2、3 片的救急用小包裝。如果是短天數旅行，一個小孩一天可能用到 4 片尿布，5 天大概是 20 ～ 25 片，如果在日本買了 40 ～ 60 片的大包裝，就代表用不完的尿布要原封帶回家，其實很占空間！建議短天數的旅行，直接從台灣帶尿布過去，旅程完畢後空間也清出來，可以放更多戰利品。

如果是 8 ～ 10 天或更久的長天數旅行，可以考慮在日本直接買一包尿布，一般大型超市、專賣嬰幼兒用品的商店皆會販售，且品項都非常多，一般藥妝店不一定會有。我則是習慣日本 amazon 網購直送飯店，省下跑一趟買尿布的時間。（下訂之前，一定要跟飯店確認是否方便協助收貨喔！）

❶❷ 大人小孩行李一起打包 ❸ 日本購買尿布很方便，但都是以大包裝為主 ❹ 旅行天數少，可以從台灣帶小包裝尿布 ❺ 日本網購尿布寄送飯店也是節省行李空間的方法

衣物

另外一種節省尿布空間的方式就是使用壓縮袋,在整理小孩跟大人出國衣物時,非常推薦旅行衣物整理袋,它可以讓衣服輕鬆收納整齊又節省空間,而且放到大行李箱裡也很美觀。旅行衣物整理袋在很多地方都有販售,無論是 39 元商店、台隆手創館、無印良品等旅行用品店都能買到。

使用旅行衣物整理袋的好處是,拿取衣物時,不太需要擔心會弄得很凌亂,將袋子打開,就能一清二楚有什麼衣物,都很方便。

去東京也不用太擔心小孩衣服帶不夠,因為有太多地方好買好添購了!只要不夠就去店面買吧!旅館也有洗衣機能洗烘衣物。

奶瓶、奶粉、擠奶器

1 歲半以內的孩子還未斷奶,因此奶粉、奶瓶都是需要攜帶的物品,直接親餵的孩子則不用帶。小孩若是習慣喝某一牌奶粉,記得要帶足夠分量。如果覺得奶粉罐太大,可以用夾鏈袋分裝,方便取用又省空間。此外,建議出門還是帶 PPSU 的奶瓶比較省重量。

奶瓶清洗工具方面,出門在外,建議可以將水煮開以高溫水消毒,另外也可以在日本購買奶瓶清潔劑清潔。如果是需要擠母乳的媽媽,最好是當餐擠出來給寶寶喝完,或是擠出來排空多的倒掉,出國時自製母乳冰磚帶回台灣實在太麻煩,飯店的小冰箱也不見得充分保冷,建議一切以方便為主。

❻❼ 利用旅行收納袋收納行李方便又整齊 ❽ 利用夾鏈袋分裝節省體積空間 ❾ 日本購買嬰兒副食品非常方便

副食品、悶燒罐、餐具、水壺

吃副食品的小孩會需要用到這些器具。不過，在日本旅行，要替小孩準備副食品不是難事，飯店早餐的水果、嬰兒副食品調理包（超市、嬰兒用品店有販售）都很容易取得。在日本餐廳時，通常都可以要到兒童餐具，不過，比較小的孩子還是自己自備餐具比較安全。另外建議兒童用的吸管水壺，可以攜帶專屬的清潔小刷頭，因為這種小刷頭較不易購買（一般超市能找到的多為清洗奶瓶的大刷頭）。

備用藥品、耳溫槍

帶孩子出門需要準備周全，務必在出國一週內請小兒科醫生開旅遊備藥，不外乎是發燒、感冒，以及其他特殊用藥（氣喘等等），耳溫槍也請記得攜帶。兒童備藥記得要放在托運大行李箱內（除非是需要上飛機定時服用的藥物，記得用透明夾鏈袋分裝小包裝，液體請勿超出 100ml 的限額）。另外，也請務必購買旅遊醫療保險，在國外旅遊，若是生病看醫生或住院，費用會高得驚人，建議花點錢買旅遊醫療保險比較安心。

插頭保護蓋、封箱膠帶

對於好奇心滿滿的小嬰兒跟學步兒來說，插頭保護蓋真的很重要。有些旅館房間很貼心的設計許多插頭，方便旅客充電，但同時也是吸引孩子好奇心的來源，帶上幾個插頭保護蓋既安心又不占行李空間。另外，推薦帶封箱膠帶，萬一需要寄東西，就能派上用場。

對於什麼抽屜都要拉出來推回去的學步兒來說，封箱膠帶也有暫時保護抽屜櫃子及小孩小手的作用，而且不留殘膠，不會傷害飯店家具（請勿買透明大膠帶，會留殘膠）。退房前，請務必記得清理乾淨再離開。日本便利商店雖然也有賣封箱膠，但價格可不便宜呢！

❿ 一定要準備好旅行備藥 ⓫⓬ 在旅行時，插頭保護蓋跟封箱膠帶真的很實用

步驟六：預防小孩搭機哭鬧好方法

帶孩子出國，最讓父母擔心的就是小孩搭飛機是否能一路乖巧不吵鬧。前往日本的飛行時間雖只有短短三小時，但畢竟孩子不像大人一樣可以忍耐，知道要保持安靜的坐著，還是讓父母很擔心。

其實，有方法可預防小孩在飛機上大暴走，做爸媽的一定要有足夠的應變能力來接招跟拆解招數喔！依照我帶孩子出門的經驗，即使是個性安定的孩子，也有可能會懼怕第一次搭飛機，或是因為耳朵不舒服而哭鬧。

如果小孩是因為飛機起降時艙壓造成耳朵不舒服，其實有一種產品叫作「飛行耳塞」，也有兒童用的版本，可有效舒緩孩子因為艙壓而不舒服的狀況。這種飛行耳塞是拋棄式的，適合搭飛機時耳朵會痛的人使用。不是所有人搭飛機耳朵都會痛，可以視孩子的情形購買即可。

一般來說，通常都只有在起降時會感到耳朵不舒服，可以讓小孩喝水、喝奶、吃小點心解決。只要嘴巴有咀嚼，就會調整耳朵的壓力，會讓孩子舒服很多。這招對於 2 歲內的小小孩來說很管用，尤其是愛吃的孩子，有些媽媽會讓孩子吃比較耐嚼的營養口糧，一塊餅乾可以啃比較久。不過，飛機有時在跑道上準備許久還不起飛，如果是小餅乾，可能一下就消耗光了，所以把零食拿出來給小孩吃的時機點真的很重要喔！

❶ 台灣就買得到的飛行耳塞　❷ 孩子在搭機時不一定受控制，要想方法安撫　❸❹❺ 搭飛機安撫孩子三招：食物、玩具、影片

如果純粹是想下來玩耍、覺得無聊或是不明原因的哭鬧，這時隨身準備「不常見」的小玩具就能派上用場。有些孩子對於他所愛的玩偶特別依賴，出國時別忘了帶。但有些孩子會覺得無聊想起來活動，建議爸媽的袋子裡至少有 5-6 種玩具法寶吸引注意力，最好是孩子都沒見過的，或是他目前正在興頭上的事物。

從 1 歲半以後到 3 歲多，都可以帶小車車、可擦掉蠟筆跟畫紙、娃娃、積木等玩具。3 歲多以上比較能溝通，就能帶他喜歡的繪本、玩具等等，也可以在搭機前跟孩子溝通，先做好心理準備非常重要。

另外，在上飛機前先帶孩子去機場的兒童遊戲室跑一跑消耗精力，上了飛機會比較累不會想起來一直動，說不定還能睡著。當然終極武器就是飛機上的小電視，其中也會有卡通，通常都能吸引孩子的注意力。

同樣的方法也能運用在帶孩子搭電車時，日本的電車通常很安靜，請勿放任孩子大聲說話、哭鬧、到處跑來跑去，可以隨身帶一些小餅乾果汁（日本電車可以飲食），或是帶些小玩具吸引小孩注意力。日本人雖然不喜歡被打擾，但也能理解小孩有時真的無法控制，但前提是家長要盡力安撫，而不是放任不管。

❻ 日本的電車可以少量食用食物飲料　❼ 上飛機前可以先至兒童遊戲區消耗精力

如果怎麼安撫都無效，建議可以先下車，在月台上讓孩子轉換心情，再搭下班車。小孩 2 歲多以後，可以溝通講理，要出門前可以先做心理建設，例如搭飛機要乖乖坐好，搭電車時也要安靜。建議當小孩講話太大聲時，大人可用氣音跟孩子說話，孩子就會知道要學著小聲講話。

步驟七：行李太多怎麼辦？善用宅急便輕鬆旅行

　　帶孩子出國總是大包小包，有時兩箱大行李，回程可能還多了一箱紙箱，再加上一台嬰兒車，無論要來往機場或是移動到另一間飯店都很困難。不過，在日本旅行就有這種好處，可以利用宅配幫忙搬行李，把大件的行李交給宅急便，就能輕鬆的移動到下個目的地，這可是在日本旅行的便民服務呢！

❶ ❷ 在機場／市區行李太多時，可以請宅配寄送 ❸ 只要寄件時間來得及，利用宅配真的很方便

　　比較常見的日本大型宅急便有全國性的「ヤマト運輸」（也就是我們所熟知的黑貓宅急便母公司）、「佐川急便」、日本郵便「ゆうパック」）（也就是日本郵局）、西濃運輸跟福山通運，另外，還有一些地方性的宅急便公司。通常要寄送包裹或行李，就要看該飯店跟便利商店配合的宅急便公司為何，比較常見的就是「ヤマト運輸」跟「ゆうパック」（日本郵局），無論哪家都很準時到達。

　　在日本寄宅急便很方便，只要在宅急便寄送點委託寄送即可。日本的宅急便收送點很密集，幾乎大部分的旅館都有跟宅急便業者合作，便利商店也能寄送，完全不用擔心。不過，寄送到機場（空港）跟一般點對點寄送（非寄送到機場）的規定各有不同，要特別注意。

空港宅急便（機場寄送／收件）

從東京市區寄送到機場，最大的不同就是貨物寄送的天數較長、費用較高（需要加機場手續費），其他寄送方式跟一般點對點相同。

行李的費用通常都是用長＋寬＋高（公分）＝多少尺寸（サイズ）計算。例如長＋寬＋高=120公分，就是用120尺寸計算費用，

通常公斤數也會有限制，不過如果超過長度、重量，再加錢即可，詳細的規定需要看各家宅急便規定。

寄往機場的宅急便要特別填「空港宅急便」的單子，單子填寫方法如下：

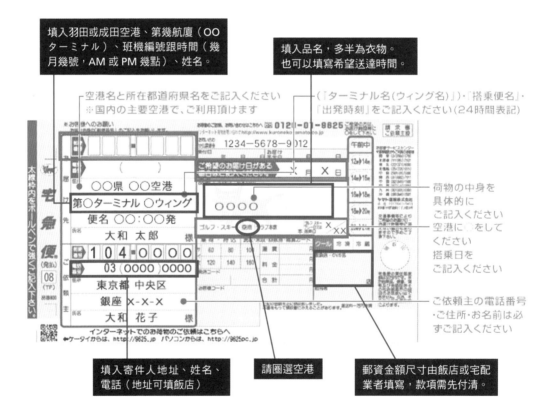

填入羽田或成田空港、第幾航廈（OO ターミナル）、班機編號跟時間（幾月幾號，AM 或 PM 幾點）、姓名。

填入品名，多半為衣物。也可以填寫希望送達時間。

填入寄件人地址、姓名、電話（地址可填飯店）

請圈選空港

郵資金額尺寸由飯店或宅配業者填寫，款項需先付清。

請注意一定要在出發前兩天就寄送完畢，例如 8/10 早上 10 點的班機，最好是 8/7 下午就寄送出去比較保險（可以先詢問飯店櫃台）。另外也要留意早班機報到時間為何，如果是早上 7 點的早班機，通常辦理航班報到時間會是兩個小時前，早上 5 點機場的宅配櫃台可能還沒開，導致拿不到行李辦理航

班報到，所以請務必預查機場宅急便上班時間（成田機場宅配櫃台有時間限定，羽田機場則是 24 小時都能領取）。若從機場寄行李到東京市區也要預留兩天時間，所以請務必先將這兩天的隨身衣物帶一些在身上再寄。

機場宅急便營業時間（以兩家最常見的宅急便為主）

ヤマト運輸	ゆうパック（日本郵局）
成田機場第二航廈 國際線出境大廳（與 GPA 合作） 如果搭第三航廈班機也同樣是寄送到第二航廈 營業時間：早上 7 點～晚上 9 點 電話：0476-49-3861（機場 GPA 店） 　　　　0476-32-4755（GPA 公司）	成田機場第二航廈 國際線出境大廳 （與 JAL ABC 合作） 營業時間：早上 7 點～晚上 9 點 電話：0476-34-8490（機場 JAL ABC 店）

羽田機場國際線出境大廳（第三航廈）
營業時間：早上 5 點～晚上 11 點
（時間請以公告為準）
電話：03-6428-0661

羽田機場國際線出境大廳
（與 JAL ABC 宅配，第三航廈）
營業時間：24 小時營業
電話：0364-28-0665（JAL ABC）
　　　　0364-28-0669（ANA）

ヤマト運輸空港
宅急便寄送費用查詢

ゆうパック（日本郵局）空港
宅急便寄送費用查詢

ヤマト運輸空港
宅急便運送日期查詢

ゆうパック（日本郵局）空港
宅急便運送日期查詢

一般宅急便

　　一般宅急便的時間通常是同一縣市今天寄隔天到，還能指定到達時間，非常方便。

　　一般宅急便需要填寫單子，可以指定隔天到達時間，行李的費用通常也是用長＋寬＋高（公分）＝多少尺寸計算。無論是空港宅急便或是一般宅急便，都能用網頁輸入編號追蹤是否到達。

ヤマト運輸	ゆうパック（日本郵局）
ヤマト運輸一般宅急便寄送費用查詢	ゆうパック一般宅急便寄送費用查詢
ヤマト運輸宅急便追蹤	ゆうパック宅急便追蹤

一般宅急便單子填寫方法如下：

填入收件人地址、姓名、電話

填入品名，多半為衣物。也可以填寫希望送達時間。

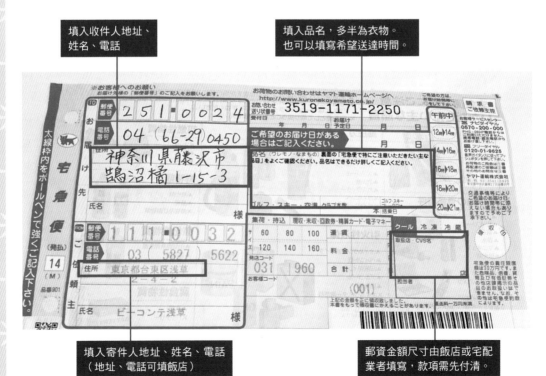

填入寄件人地址、姓名、電話（地址、電話可填飯店）

郵資金額尺寸由飯店或宅配業者填寫，款項需先付清。

步驟八：東京兩大機場到市區指南／東京市區交通指南

主要出入東京的國際線機場有兩個，一個是位於東京東邊千葉縣的成田機場，另一個是位於東京南邊的羽田機場。從成田機場進出東京市區比較遠，但國際航班起降比較多，羽田機場進出東京市區時間較快，無論是從東京哪個機場進出，東京的機場跟市區聯絡交通都非常方便。

進入機場有不同交通方式可供選擇

成田國際機場進入東京市區

從成田機場往返東京市區有許多種交通工具可以利用，可以依照到達旅館的方便度及價格來選擇想以何種方式到達東京。

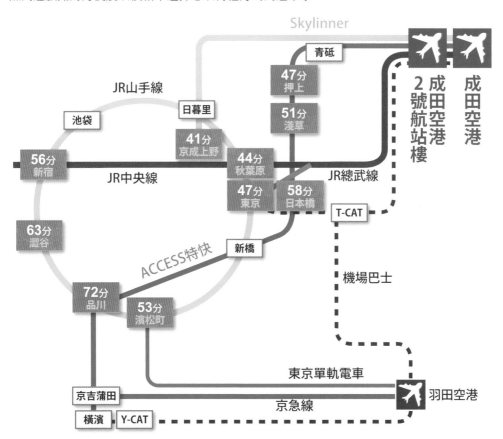

搭乘電車（速度較快）

（利用 Suica 或 Pasmo 等 IC 卡乘坐，費用會有些許折扣，這裡的費用為售票機直接購票費用）

交通公司	列車名	所需時間	所需費用	直達區域
JR 東日本	成田特快 N'EX（須劃位）	至東京車站約為53分鐘 至新宿為76分鐘	大人來回票 4070 日幣 兒童（6～12歲） 2030 日幣	依班次不同可抵達東京車站、品川、渋谷、池袋、橫濱等地。

京成電鐵	成田 SKY ACCESS 線（成田スカイアクセス線） 分為 Skyliner（藍色）、Access 特快（橘色）兩種車款	Skyliner 至上野41分鐘 Access 特快至淺草51分鐘	Skyliner 單程票 • 大人 2570 日幣 • 兒童 1290 日幣 網路購買來回票另有優惠。	Skyliner 直達上野、日慕里 Access 特快直達押上、淺草、日本橋、東銀座、新橋、品川等地。

	京成本線（紅色） 停站多，速度較慢，但抵達站點也比較多	至淺草 約73分鐘	至京成上野 單程票 大人 1270 日幣	直達押上、淺草、日本橋、東銀座、新橋、品川等地。

搭乘巴士（速度較慢，會受塞車影響）

交通公司	公車名	所需時間	所需費用	直達區域
東京空港交通	利木津巴士（Airport Limousine） 抵達地點多，車班密集度需視地點而定 	至東京車站1小時50分 至新宿約1小時55分	大人單程2800日幣 兒童單程1400日幣	東京車站、T-CAT／日本橋・箱崎、池袋、渋谷、銀座・汐留、新宿、赤坂、六本木、錦糸町、淺草等。
京成巴士	機場巴士東京・成田（TYO-NRT） 價格便宜，預約有折扣 	至東京車站1小時30分	大人單程1300日幣 兒童單程650日幣（深夜巴士班次為成人2600日幣） 深夜車次為 0:00~5:00班次	東京站、銀座站、東雲車庫。

71

羽田國際機場進東京市區

交通公司	列車名	所需時間	所需費用	直達區域
京成電鐵	京急線	至品川 11 分鐘 至淺草 32 分鐘	至品川單程票 380 日幣 至淺草單程票 640 日幣	直達押上、淺草、日本橋、東銀座、新橋、品川、橫濱等站。 新宿、池袋、澀谷、上野、東京車站需換乘其他電車。
東京單軌電車	東京單軌電車羽田線（東京モノレール）	至終站濱松町站17 分鐘	至濱松町 單程票 500 日幣 優惠票 ＊週六、週日、例假日限定優惠票：由羽田機場到 J R 山手線內各站的任一站下車為 500 日幣。	直達濱松町。若需要從機場換乘臨海線（りんかい線）到台場比較方便。 至其他大站（例如上野、新宿、東京車站等）都要另外換乘電車。

搭乘巴士（速度較慢，會受塞車影響）

（利用 Suica 或 Pasmo 等 IC 卡乘坐，費用會有些許折扣，這裡的費用為售票機直接購票費用）

交通公司	列車名	所需時間	所需費用	直達區域
東京空港交通	利木津巴士（Airport Limousine） 抵達地點多，車班密集度需視地點而定	至東京車站約為53 分鐘 至新宿為 76 分鐘	至新宿站價格 大人單程 1300 日幣 兒童單程 650 日幣	東京車站、T-CAT/ 日本橋·箱崎、池袋、澀谷、銀座·汐留、新宿、赤坂、六本木、錦糸町、淺草、東京迪士尼等等。
京浜急行巴士	京浜急行巴士	至東京車站 40 分	至東京車站 大人單程 1000 日幣 兒童 500 日幣	東京站、澀谷、天空樹、東京迪士尼、錦系町、橫濱、品川、台場等。

東京市區交通指南

東京市區的交通錯綜複雜，一般旅客多半以電車為主要交通方式，偶爾會搭乘路面巴士，但機會不大。剛來東京的人或許會看不懂密密麻麻的電車交通網路，非常推薦來到東京旅遊又怕麻煩的人使用 IC 交通卡搭車，就能簡單整合所有不同系統電車搭乘付款的問題。

來東京一定會搭乘電車旅行

東京兩大交通 IC 卡
Suica 卡

為 JR 東日本發行，類似台北悠遊卡的 IC 交通儲值卡，可儲值一定金額後扣款使用於搭車、購物，十分方便。

Suica 卡初次購買時為 1000 日幣起，但內含 500 日幣保證金，之後可繼續加值。除非連續十年都不使用、不加值，這張卡才會失效。Suica 卡不僅在東京區域非常好用之外，就連日本全國各地的交通工具都能使用。在 JR 車站都設有加值機（上面標示チャージ的機器都能儲值），或是便利商店也能儲值。若確定不再使用要退卡時，需至 JR 人工售票窗口（みどりの窓口）辦理退卡手續，將會退回 500 日幣保證金，並從裡面剩下餘額扣除 220 日幣手續費，建議可盡量將原先剩餘金額

使用完畢，就不用被扣除 220 日幣手續費。

Suica 卡分為不記名與記名式，若需要幫 6 歲到 12 歲的孩子購買兒童 Suica 卡，需要到 JR 人工售票窗口（みどりの窓口）購買。需攜帶孩子的身分證件及帶著孩子親自前往辦理（日本規定上小學使用兒童 Suica 卡，最後使用到滿 12 歲的 3 月 31 日為止，國中生以上就要使用成人票價）。

Suica 卡官網

Pasmo 卡

為 Pasmo 公司所發行的卡片，許多交通公司例如東京地下鐵、小田急電鐵、京成電鐵等都加盟其中。但 Pasmo 卡跟 Suica 卡一樣，在東京所有標明 Pasmo 的交通系統都能使用搭乘（JR 鐵路系統也行），也能購物使用，為另一種便利的交通 IC 儲值卡。

購買方法跟 Suica 卡很像，多半在東京地下鐵系統都能找到。同樣初次購買為 1000 日幣起，內含 500 日幣保證金。Pasmo 卡也分為

不記名與記名式，若需要幫 6 歲到 12 歲的孩子購買兒童卡，需要到東京地鐵人工售票窗口購買，需攜帶孩子的身分證件及帶著孩子親自前往辦理。

Pasmo 卡官網

東京的電車交通系統：

- JR 東日本（日本國鐵）
- 東京 Metro（東京地鐵）
- 都營地鐵、都電荒川線
- 京王電鐵
- 東武鐵道
- 西武鐵道
- 東京急行電鐵東橫線
- 臨海線（りんかい線，從新木場到大崎）
- 百合海鷗號（ゆりかもめ，從新橋到豐洲）

東京電車乾淨整潔

目前也設置嬰兒車停放位

雖然東京公營、私營電車交通路線複雜，但目前都有方便查詢路線的免費手機 APP 可以輕鬆查詢班車時間、費用等資訊。例如 navitime、Yahoo! 乘換案內等，還有電腦版的 jorudan.co.jp，只要輸入起迄站名、搭乘時間，就能查到十分詳盡的車班資訊（需輸入日文漢字，例如浅草站輸入「浅草」）。

建議以本書一開始的東京交通全圖（包括東京市區各家電車路線），再加上 APP 輔助查詢。據我的經驗，雖然路線 APP 使用非常方便，但有時規劃出來的路線反而複雜，還是要對照交通路線圖比較準確。東京實用交通 APP 請見步驟九：東京旅遊實用 APP（第 81 頁）。

東京地區一日 / 數日乘車券

東京的交通費用占旅遊支出不少預算，可以搭配使用適合本次行程的一日 / 數日乘車券，就能省下不少交通費用。不過就方便度來說，還是推薦使用 IC 交通卡比較省事，因為東京的交通可能會從 JR 換地下鐵或換私鐵，有些一日 / 數日乘車券只能給單一公司的車種使用，如果搭乘其他公司的車種，則必須另外購票。請自行斟酌行程是否適合購買乘車券。

東京搭車省錢方式就是購買特別乘車券

東京地區可以使用的乘車券

乘車券	價格／效期	販售地	可搭乘路線
東京旅遊車票（Tokyo Furii Kippu）	一天 成人 1600 日幣 兒童 800 日幣	可在東京都 23 區內的 JR 東日本車站售票處，或旅遊服務中心（View Plaza）購買	• JR • 東京地鐵 • 都營地鐵 • 都營巴士 • 都電 • 私鐵 　日暮里 - 舍人線
東京地鐵與都營地鐵通用一日通票	一天 成人 900 日幣 兒童 450 日幣	當日票請至都營地鐵、東京地鐵各站的自動售票機購買	• 東京地鐵 • 都營地鐵
東京地鐵通票（外國人用）Tokyo Subway Ticket 最優惠	24 小時 成人 800 日幣 兒童 400 日幣 48 小時 成人 1200 日幣 兒童 600 日幣 72 小時 成人 1500 日幣 兒童 750 日幣	成田機場（第一、第二航站一樓賣巴士票券櫃檯） 羽田機場（國際線觀光情報中心） 東京都內 Big Camera11 家店舖、LAOX6 家店鋪，購買需出示護照	• 東京地鐵 • 都營地鐵
東京 Metro 地鐵一日通票	一天 成人 600 日幣 兒童 300 日幣	預售票於東京地鐵月票售票處購買 當日票於東京地鐵各站的售票機購買	• 東京地鐵

東京地區可以使用的乘車券

乘車券	價格 / 效期	販售地	可搭乘路線
都營一日乘車券 	一天 成人 700 日幣 兒童 350 日幣	各車站的自動售票機、都營巴士與都電的車廂內等	• 都營地鐵 • 都營巴士 • 都電 • 私鐵 　日暮里 - 舍人線
都電一日車票 	一天 成人 400 日幣 兒童 200 日幣	都電車廂內、荒川電車營業所等	• 都電
JR 東日本 東京都市地區通票	一天 成人 760 日幣 兒童 380 日幣	JR 東日本自由乘車區間內主要車站的指定售票機、綠色窗口、View Plaza 等處（部分地點除外）有販售	• JR
百合海鷗號一日車票	一天 成人 820 日幣 兒童 410 日幣	預售票於百合海鷗線新橋站以及豐洲站販售 當日票於百合海鷗線各站自動售票機均可購買	• 百合海鷗號
東京急行電鐵 港未來車票 	票價依各發售站而異 港未來線可一日自由乘坐	東急線各站自動售票機	• 東急港未來線

東京免費巡迴巴士 / 觀光巴士

　　東京市區的交通，除了電車以外，巴士也是可列入考慮的交通工具。在東京，多半都能找到低底盤的公車，推著嬰兒車就能直接上車（但如果嬰兒車體積比較大則需要收起再上車）。車上如果乘客多，嬰兒車也要收起來將小孩抱著搭乘。巴士都能用 Suica 跟 Pasmo 交通 IC 卡付費搭乘。6 ～ 12 歲兒童需購買兒童票，超過 12 歲則需買成人票。

　　某些區域也有免費的巴士可供利用，班次多半為 10 ～ 15 分鐘間隔，除了 1 月 1 日之外，其他日期皆有行駛，也能多加利用喔！

東京有許多區域性的巴士可以利用，也方便帶小孩搭車

付費巴士

巴士名稱	費用	區域
都營巴士	一日券 成人 500 日幣 兒童 250 日幣 單程 成人 210 日幣 兒童 110 日幣	東京市區
晴空塔穿梭巴士	一日券 成人 420 日幣 兒童 210 日幣 單程（上野淺草線） 成人 220 日幣 兒童 110 日幣	分六條線路，票價各路線不同。 上野、淺草線、東京站線、羽田機場線、東京迪士尼樂園線、台場線、和光志木線

巴士名稱	費用	區域
SKY BUS TOKYO/ SKY HOP BUS/SKY Duck	SKY BUS TOKYO 路線不同價格不同 SKY HOP BUS 一日券 成人 3500 日幣 兒童 1700 日幣 SKY Duck 成人 3500 日幣 兒童 1700 日幣 （不同路線價格不同）	SKY BUS TOKYO 皇居、銀座、丸之內路線／東京塔彩虹橋路線／東京晴空塔淺草路線／台場夜景路線／表參道、渋谷路線 SKY HOP BUS 淺草、東京晴空塔路線／台場路線／六本木、東京鐵塔路線 SKY Duck 東京晴空塔路線／橫濱／晴空塔至台場／晴空塔至豐洲

免費巴士

巴士名稱	費用	區域	
丸之內穿梭巴士	免費	大手町、丸之內、有樂町地區	
Metrolink 日本橋 E-Line	免費	濱町、人形町、兜町地區	官網
Metrolink 日本橋	免費	八重洲、京橋、日本橋地區	官網
淺草免費循環巴士	免費	淺草、晴空塔地區（約一小時一班） （目前暫時停止，最新情形請見官網）	官網

東京水上巴士

　　雖然旅遊東京時，多半以電車或巴士為主要交通工具，但如果能體驗一下水上巴士，也是很不錯的選擇喔！東京的水上巴士不僅是交通船班，也有非常酷的設計船體，十分特別。看到像是未來船隻造型的船班，孩子們會很開心呢！

搭水上巴士遊東京特別新鮮

東京都觀光汽船

━━ 隅田川線
━━ 淺草·台場直通線 HOTALUNA
━━ 淺草·台場直通線 HIMIKO
━━ 台場線
━━ 東京國際展示場·多彩城線

東京水邊線

━━ 淺草·台場遊艇
━━ 淺草·日本橋遊艇 KAWASEMI

淺草(二天門)
淺草
兩國
越中島
日本橋
豐洲
明石町·聖路加花園前
濱離宮
東京國際展覽中心
金門大橋
日出棧橋
彩虹橋
台場海濱公園
多彩城

東京觀光交通船航線圖

東京都觀光汽船分為一般航運船班及特別造型船隻，兩種特別的船隻是由漫畫家松本零士所設計。一種名叫 HOTALUNA（可開放船頂至戶外觀賞風景），一種則叫做 HIMIKO（船頂不開放）。還有另一種為仿造德川家康時代復古船隻造型的安宅丸（船上有表演跟餐飲，需另外付費）。

特別船隻有固定班次，建議事先預約船票，一般汽船則可以現場購買。HOTALUNA 跟 HIMIKO 號直接上網頁預約即可，大人、小學生跟幼兒（1 歲以上要付費）價格依航線不同。上網預約完後需等待進一步 email 通知預約成功，收到通知後，請務必列印預約成功的 email（一定要記下預約號碼），到現場憑預約號碼換票搭船。

航行路線沿著隅田川、東京灣沿線航行，依不同船班可從淺草到達台場、濱離宮、日之出棧橋或豐洲等地，需上官網查詢更詳細的船班及航線。

東京都觀光汽船官網

❶東京水上巴士的 HOTALUNA 號很有未來感　❷❸搭乘東京水上巴士經驗難得　❹❺❻ HOTALUNA 設計新穎，也能上船頂欣賞風景

步驟九：東京旅遊實用 APP

　來東京旅遊，有很多實用的免費 APP 可以下載喔！以下的 APP 為特別精選後，推薦給準備來東京旅行的你。

類別	APP 名稱	下載連結 QR code	
交通類	**Navitime** 查詢交通方式、如何搭車及轉換線路準確度高，需輸入日文漢字站名	 App Store	 Google play
	乘換案內 查詢交通方式、如何搭車及轉換線路準確度高，需輸入日文漢字站名		 Google play
	Tokyo Subway Navigation for Tourists 查詢交通方式、如何搭車及轉換線路準確度高，需輸入日文漢字站名	 App Store	 Google play
比價	**価格 .com** 日本賣場比價時的好幫手，可以查到許多電器、物品的價格比較，準確度高	 App Store	 Google play
天氣類	**tenki.jp 天気・地震など無料の天気予報アプリ** 由日本氣象協會所推出的 APP，準確度高，能將一天中四個時段的降雨機率準確呈現，是旅遊預知氣象的好幫手	 App Store	 Google play
	お天気モニタ - 天気予報・気象情報をまとめてお届け 由民間所推出的 APP，準確度高，也能將一天中四個時段的降雨機率準確呈現，界面簡單好用	 App Store	 Google play

類別	APP 名稱	下載連結 QR code
實用類	**東京迪士尼樂園 等待時間 + 地圖** 這是專門為了東京迪士尼或海洋遊樂時，查看排隊時間的 APP。專為 iphone 系統使用設計	
	TDR 排隊時間 for 東京迪士尼 樂園、東京迪士尼海洋 專門為了東京迪士尼或海洋遊樂時，查看排隊時間的 APP。專為 android 系統使用設計	
	Suica Reader 如果手機搭載 NFC 功能，就可以使用這個查詢手上 Suica 卡跟 PASMO 卡的餘額，只要輕輕一碰，就能查到交通卡上所有明細，非常方便	
實用類	**ロケスマ Locasma** 到日本想尋找餐廳、咖啡店、藥妝店、百元店等各式商店，利用 Locasma 就能找到在附近的各種商店！（需搭配網路使用，需要定位）	
QR code	**免費 QR Code 掃描器** 可以選擇喜歡好用的 APP 來搭配本書使用	
翻譯類	**Line 中日翻譯官方帳號** 只要加入通訊軟體 LINE 的官方帳號「LINE 中日翻譯」，輸入中文對方會立刻幫你翻譯成日文喔，雖然內容不一定都正確，但緊急時，也能當作溝通的一個方法 ☆LINE中日翻譯	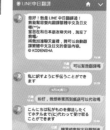

東京遊樂園、博物館
大人小孩一同享樂！
雨天也能盡情玩

擁有許多親子設施的東京，最吸引大小朋友的就屬遊樂園跟各式博物館了。東京各種新穎的遊樂園，一定會讓大人跟小孩想一去再去！

東京迪士尼樂園、迪士尼海洋樂園

東京ディズニーランド、東京ディズニーシー

雨天ok! 熱門景點

　帶孩子來東京，又怎能錯過迪士尼樂園跟迪士尼海洋樂園？這兩個遊樂園為東京最熱門也最多人去的景點，不僅是外國觀光客，對日本人來說，這裡也是能夠一去再去的遊樂園。東京迪士尼的夢幻魅力，來過之後就會難以忘懷，無論是迪士尼樂園或迪士尼海洋樂園，至少都要安排各一整天的時間遊玩，甚至一整天都玩不夠呢！

　東京迪士尼於 2020 年也開設了美女與野獸園區，將美女與野獸的城堡忠實還原。東京迪士尼海洋也將於 2024 年開幕全新的「Fantasy Springs」園區，裡面包括《冰雪奇緣》、《小飛俠彼得潘》、《魔髮奇緣》等主題設施，除了新增設的遊樂設施之外，園區內也會開設一間新的飯店，讓人一直都想要再去玩！

東京迪士尼是亞洲第一座迪士尼樂園，每個樂園都可以玩上一整天

迪士尼園區內的遊行
千萬不要錯過

推薦爸媽可以趁孩子未滿 4 歲之前，帶孩子一起去玩；迪士尼樂園的規定是 4 歲以下不用門票，可以省下不少費用。雖然遊樂設施礙於年齡跟身高規定無法參加，但其中能玩的設施也不少。一般來說，迪士尼樂園的設施比較適合闔家共遊，迪士尼海洋樂園的設施會稍微驚險刺激，3 歲以下兒童能玩的設施較少一些。若你還沒去過迪士尼樂園，行程也只有一天的時間，建議先帶孩子到迪士尼樂園遊玩，迪士尼海洋可以留待下次再來體驗。

❶ 迪士尼海洋樂園以海港及威尼斯風景為主題 ❷ 夜間遊行非常漂亮 ❸❹❺ 迪士尼樂園內，適合小小孩的遊樂設施比較多：小小世界、愛麗絲的午茶派對、小木偶奇遇記

帶孩子來迪士尼樂園的玩樂小撇步

❶取消原有的抽取快速通關券，改成手機上事先付費購買迪士尼尊享卡（DPA, Disney Primier Access），減少排隊時間。

目前有「美女與野獸：城堡奇緣」、「杯麵歡樂之旅」、「飛濺山」三項設施及遊行娛樂表演有開放 DPA，之後可能會增加，詳情請見官網。

迪士尼樂園熱門遊樂設施	迪士尼海洋樂園熱門遊樂設施
怪獸電力公司「迷藏巡遊車」、小熊維尼獵蜜記、巴斯光年星際歷險、巨雷山、飛濺山、幽靈公館、太空山、伊歐船長、星際旅行：冒險續航、美女與野獸：城堡奇緣、杯麵歡樂之旅	玩具總動員瘋狂遊戲屋、驚魂古塔、地心探險之旅、印地安納瓊斯冒險旅程：水晶骷顱頭魔宮、忿怒雙神、神燈劇場、海底兩萬公哩、風暴騎士、Fantasy Springs 園區新設施（預計 2024 年開幕）

玩具總動員瘋狂遊戲屋

海底兩萬哩

❷不用想著還有哪項設施沒玩到，帶著孩子輕鬆自在最好，就算孩子指定要連玩某項設施也沒關係，開心最重要！

❸事先查好遊行、表演時間，這是最不用排隊的行程了，所以可以早一點先去占個好位置，一起體驗迪士尼華麗大遊行。

查詢表演項目

迪士尼尊享卡 DPA 說明網頁

東京迪士尼遊行非常熱鬧

❹事先查詢迪士尼哪天入園人數比較多，盡量避開那天入園，也省下不少排隊時間。通常為日本國定假日、週末人潮眾多，週二～週四入園人數較少。

預測入園狀況網站

❺如果想於用餐時，見到迪士尼卡通人物或看到表演，可以事先預約有表演的餐廳（需上官網預約）。東京迪士尼樂園裡面的波里尼西亞草壇餐廳、鑽石馬蹄餐廳；迪士尼海洋樂園裡的鱈魚岬錦標美食、水平線海灣餐廳，都能見到迪士尼卡通人物喔！

查詢迪士尼
餐飲設施

還有許多特色小吃、紀念爆米花可以購買

鑽石馬蹄餐廳有表演，餐飲也好吃

來迪士尼樂園或海洋樂園，切勿錯過紀念商品喔！

❻事先仔細研究迪士尼樂園園區地圖，若預算充足可以加價購買 DPA，會節省很多時間。

❼迪士尼樂園鄰近海邊，冬天時海風吹來會很冷，冬季去迪士尼請務必多帶些禦寒衣服。

園區地圖下載
（中文版）

Tips

想查詢迪士尼樂園 / 海洋園的排隊時間，可下載「TDR排隊時間 APP」，

請見第 82 頁有更多關於迪士尼樂園的實用手機 APP 介紹。

不同年齡孩子可參加的遊樂設施推薦

迪士尼樂園	迪士尼海洋樂園
美妮公館（卡通城） 小小世界（夢幻樂園） 愛麗絲的午茶派對（夢幻樂園） 仙履奇緣童話大廳（夢幻樂園） 西部沿河鐵路（探險樂園） 提基神殿：史迪奇呈獻「Aloha E Komo Mai!」（探險樂園） 巴斯光年星際歷險（明日樂園） 幸會史迪奇（明日樂園）	威尼斯貢多拉遊船（地中海港灣） 迪士尼海洋渡輪航線（地中海港灣） 迪士尼海洋電氣化鐵路（發現港） 辛巴達傳奇之旅（阿拉伯海岸） 神燈劇場（阿拉伯海岸） 旋轉海藻杯（美人魚礁湖） 海底兩萬哩（神秘島）

0～2歲
（只要設施標示嬰兒也可以同行，未標示即需自行坐穩就能搭乘）

怪獸電力公司「迷藏巡遊車」（明日樂園） 太空山（102公分以上，明日樂園） 小熊維尼獵蜜記（夢幻樂園） 小飛俠天空之旅（夢幻樂園） 小木偶奇遇記（夢幻樂園） 白雪公主冒險旅程（夢幻樂園） 飛濺山（動物天地） 巨雷山(102公分以上，西部樂園) 美女與野獸：城堡奇緣 杯麵歡樂之旅 ※ 查詢遊樂設施身高年齡限制	玩具總動員瘋狂遊戲屋（美國海濱） 水上逗趣船（發現港） 風暴騎士（發現港） 印第安納瓊斯冒險旅程（117公分以上，失落河三角洲） 茉莉公主的飛天魔毯（阿拉伯海岸） 史卡托的寄居蟹(美人魚礁湖) 小胖的飛魚雲霄飛車（美人魚礁湖）

3～5歲
（能自行坐穩、個別設施有身高限制，請特別注意）

🔍 東京迪士尼樂園、迪士尼海洋樂園

官網　　　地圖

地址	〒 279-0031 千葉縣浦安市舞浜 1-1
電話	日本國內撥打 0570-008-632、國外撥打 +81-45-330-5211
營業時間	平日 8：00 或 8:30 ～ 22：00（每天開園時間會稍有不同，請洽官網

 哺乳室　 尿布檯　 嬰兒車放置場　 幼兒遊戲室　 停車場　 餐廳　 8:00-22:00　無休

年齡	0 歲～成人	遊樂時間	一整天

嬰兒車　可推進去、有放置場、可借嬰兒車（需付費，一日 700 日幣）

入場費　可當場購買，但人多時可能會額滿，建議事先購買指定日期入園票

票券種類	全票 （滿 18 歲以上）	學生票 （12 歲～ 17 歲）	兒童票 （4 歲～ 11 歲）
一日護照（平日）	8400 日幣	7000 日幣	5000 日幣
星光護照（適用於六、日、國定假日 15:00 以後入園）	7400 日幣	6200 日幣	4400 日幣
傍晚六點後護照 （週一～五，18:00 以後）	4800 日幣	4800 日幣	4800 日幣

迪士尼入場券實體票券圖案不同，非常可愛

未滿 3 歲以下免費

票價平日假日不同，請以官網為準

台灣購票　不須指定日期保證入園票，各大旅行社都有販售，價格會變動，以旅行社公布為準。

票券種類	全票 （滿 18 歲以上）	學生票 （12 歲～ 17 歲）	兒童票 （4 歲～ 11 歲）
一日護照	2000 台幣左右	1800 台幣左右	1350 台幣左右

入場券可於官網直接購買，信用卡付費後列印出來即可使用。

到東京，可以在迪士尼實體商店買票

至日本迪士尼商店也可以直接購買指定日期入場券，位於新宿的「東京迪士尼旗艦店」也能直接購買入園票券喔！

地址　　東京都新宿 新宿三丁目 17 番 5 T&T III ビル

營業時間　10：00 ～ 21：00

詳細售票地址請見下方（選擇關東地區）

🚋 交通指南

搭乘電車

❶至東京車站搭乘 JR 京葉線或 JR 武藏野線至舞濱站下。也可至 JR 八丁堀站搭乘 JR 京葉線至舞濱站，減少在東京車站裡行走的時間。

❷搭乘地鐵東西線到浦安站再換搭接駁巴士。（浦安離迪士尼比較遠，需費時 25 分鐘）

JR 八丁堀站 車站內部圖	浦安站 車站內部圖	巴士 時刻表

搭乘巴士

新宿車站新南口（JR 代代木車站）、東京車站八重洲口 1 號站牌、JR 秋葉原東側廣場、晴空塔、錦系町 Livin 商場前、成田機場、羽田機場，及東京迪士尼好夥伴飯店（新宿京王飯店、大都會東京城飯店、黎凡特東京東武飯店等 12 間東京都內飯店）都有提供直達接駁車。

東京迪士尼園區裡的米奇電車，能提供遊客接駁服務。如果要去迪士尼海洋樂園，可以搭乘米奇電車省去走路時間（迪士尼樂園走路就能到了）。可用 PASMO、Suica 直接搭乘。一位持票者最多可帶兩位 6 歲以下兒童免費搭乘。

車窗也是米奇造型

連拉環都是米奇造型，很可愛

	全票 （滿 12 歲以上）	半票 （6 歲～11 歲）
單程	260 日幣	130 日幣
一日周遊券	660 日幣	330 日幣

Tips

因在東京車站轉搭 JR 京葉線或 JR 武藏野線，需要走上至少 15 分鐘的路，建議至八丁堀站搭乘 JR 京葉線至舞濱站，能節省許多步行時間！

🛏 飯店住宿　請見迪士尼樂園區域飯店介紹

三鷹之森吉卜力美術館

三鷹の森ジブリ美術館

雨天ok! 熱門景點

 鄰近景點　★ ✿ 吉祥寺周邊與井之頭公園

　　三鷹之森吉卜力美術館是許多人去東京旅行的指定景點之一，它的熱門程度僅次於東京迪士尼，無論是不是宮崎駿迷，都想去三鷹之森吉卜力美術館一探究竟。不過，因為三鷹之森吉卜力美術館的高人氣，加上門票已經改成記名制，需出示身分證件才能入場，也無法至現場購買，一定要事先預購憑票入場。

購票管道有二種：
❶ 透過吉卜力日本官網購買。
❷ 旅行社代購：東南旅行社、KKday、KLOOK
　（目前暫停販售）

　　一抵達三鷹之森吉卜力美術館，就有一隻大大的龍貓在歡迎著你。整棟建築外觀有許多綠色藤蔓爬滿外牆，增添了童話感，還沒進到美術館裡面，心情就開始雀躍了起來呢！

　　這裡是大人的天堂、孩子的樂園。整棟三層樓裡，有映像展示室「土星座」，專門放映外面看不到的吉卜力工作室短片；展示動畫如何製作的展覽室、吉卜力工作室的模擬房間，也能看到許多珍貴的宮崎駿動畫手稿跟腳本。當然還有讓孩子為之瘋狂的大型龍貓巴士、大人也能買到瘋狂的 Mamma Aiuto（マンマユート）紀念品販售處跟圖書閱覽室。另外，千萬別忘記到頂樓陽台跟天空之城的機器人士兵照個相喔！

　　戶外區則有黃色外觀的可愛草帽咖啡館（麦わらぼうし），雖然每次都大排長龍，但也很推薦來這裡品嚐創意料理。

❶ 美術館前就能找到龍貓 ❷ 美術館頂樓的機器人是最受歡迎的拍照景點 ❸ 園內唯一餐廳：草帽咖啡館

🔍 三鷹之森吉卜力美術館

官網	地圖

地址　〒 181-0013 東京都三鷹市下連雀 1 丁目 1-83

電話　0570-055777

營業時間　10：00 ～ 18：00（開館時間平日假日不同，詳情請見官網）

哺乳室　尿布檯　無幼兒遊戲室　嬰兒車放置場　餐廳 11:00-19:00　館內禁止飲食　停車場

投幣式儲物櫃　室內禁止照相　10:00-18:00　每週二、12/28-1/2休

年齡　　　1.5 歲～成人（比較適合會走路的孩子探索），嬰兒也能進去喔！

遊樂時間　3 小時左右

嬰兒車　　有放置場（嬰兒車一般建議放置於入口處，如果是孩子睡著或較小嬰兒，館內才能通融推嬰兒車參觀。館內較小，不太適合推嬰兒車，建議較小嬰兒同行時攜帶揹巾）

參觀場次　每小時一場

入場費　　一定要事先購票，無法現場購票，購票方式請見內文

Tips

東京的景點跟博物館每間休館日期不同，請務必查好休館日期，安排好行程，以免撲空喔！

每張入場券都由電影膠卷製成

日本購票	台灣購票（目前暫停）
• 大人 1000 日幣 • 國中生～高中生 700 日幣 • 小學生 400 日幣 • 幼兒（4 歲以上～小學前）100 日幣 • 4 歲以下免費	• 大人 660 台幣 • 國中生～高中生 480 台幣 • 小學生 350 台幣 • 幼兒（4 歲以上～小學前）100 台幣 • 4 歲以下免費 （以東南旅行社為準，票價可能會變動）

購票方法

	票種名稱	開賣時間
吉卜力日本官網	有限制場次的記名票券，以日幣計價	每月 10 號開放下個月購票，日本官方統一於早上 10 點開賣（台灣 9 點鐘）
東南旅行社（目前暫停）	有限制場次的記名票	依照官網公布時間開始預售，請至網站查詢確切時間
KLOOK（目前暫停）		每月 1 日～ 5 日開放預購下個月門票，最終訂票結果會於當月 15 日前通知。領取票券地點為成田、羽田機場的 HIS 櫃檯

買好了入場券之後，記得別錯過日期，並請務必記得攜帶護照與票券才能入場喔！

🚃 交通指南

從新宿搭乘 JR 中央線或總武線至三鷹站下車，再換搭專門巴士（コミュニティバス）直達吉卜力美術館門口。巴士搭乘需費用，大人單程 210 日幣、來回 320 日幣，小孩 110 日幣、來回 160 日幣。也可以用交通卡直接刷（Suica 卡跟 Pasmo 卡，但沒有來回票特價）。巴士請於 JR 三鷹站出來 9 號公車亭搭乘。

三鷹之森吉卜力美術館備有專門的接駁公車

JR 三鷹站車站
內部圖

🧭 延伸景點

日本電視大時鐘

日テレ大時計

　東京除了三鷹之森吉卜力美術館之外，還有一個跟宮崎駿有關的景點，就是位於汐留日本電視台的「日本電視大時鐘」。這個時鐘是由宮崎駿所設計，以銅版製作，全部手工打造，非常具有童話風格。日本電視大時鐘整點前約 3 分鐘會有特殊表演，請務必前來參觀！在日本電視台賣場裡也有販賣吉卜力動畫相關產品。

一～五：12 時、13 時、15 時、18 時、20 時

六、日：10 時、12 時、13 時、15 時、18 時、20 時

地址　〒 105-7444 東京都港區東新橋 1-6-1 2F

交通　搭到新橋站步行 3 分鐘，或都營大江戶線、百合海鷗號到汐留站下車

日本電視大時鐘於 2006 年設立

官網　　　　地圖

整點時有表演

日本電視台商店有販賣吉卜力產品

品嚐龍貓泡芙

白髭のシュークリーム工房

　　全日本僅有一個地方販售龍貓造型的泡芙，並且經過宮崎駿認證同意，就是在位於世田谷代田的白髭のシュークリーム工房。製作龍貓泡芙的人為宮崎駿弟媳，這家店原本開設於三鷹附近，但後來搬到世田谷代田。樓上也有一間咖啡廳，如果想內用龍貓泡芙，可以直接到咖啡廳點購（內用比外帶要貴一些）。龍貓泡芙一個約 560 日幣，有奶油、草莓、栗子等口味，非常好吃！如果想要內用或外帶要請早，賣完就沒了。內用也可以先行打電話到咖啡廳訂位。

　　另外，狹山之丘龍貓森林也是跟宮崎駿卡通有關的景點喔！

在店內品嚐也很有感覺

非常可愛的龍貓泡芙

地址　　〒 155-0033 東京都世田谷区代田 5-3-1
電話　　03-5787-6221
營業時間　10：30 ～ 19：00，週二休息
交通　　從新宿搭乘小田急小田原線到世田谷
　　　　代田車站下車，走路 5 分鐘

官網

地圖

藤子・F・不二雄美術館

藤子・F・不二雄ミュージアム

雨天ok! 人氣景點

鄰近景點　可將位於多摩附近景點排入，從登戶到多摩，車程約 15 分
★三麗鷗彩虹樂園　東京多摩動物公園　京王鐵道樂園

哆啦 A 夢是陪伴許多人長大的好朋友，在日本跟國外都是擁有超高人氣的卡通人物，2011 年終於成立的藤子・F・不二雄美術館（以創作哆啦 A 夢的作者藤子・F・不二雄為美術館命名），讓大小哆啦 A 夢迷能有個置身於卡通世界的好機會。

藤子・F・不二雄美術館總共有三層樓，在進門之後放置嬰兒車，操作領取導覽機器（有日文、中文、韓語、英語等四種），就能夠開始參觀囉！

1 樓有三間展示室跟一間賣場。展示室 I 收藏了藤子・F・不二雄老師珍貴的手稿，包括哆啦 A 夢、小超人帕門（パーマン）跟奇天烈大百科（キテレツ大百科）等漫畫，還有老師的房屋（先生の部屋）等展示室可以參觀。

2 樓有另一間展示室 II，也展示了很珍貴的漫畫手稿。旁邊則是受到歡迎的胖虎之泉，奮力搖一搖，胖虎就會出現在水井裡。

大人小孩都搶著拍照

❶ 胖虎之泉非常有喜感 ❷ 哆啦 A 夢漫畫是兒時的回憶 ❸ 戶外庭園區有許多可以拍照的哆啦 A 夢雕像

Tips

3 樓的餐廳最為熱門，若要用餐，建議一到美術館先至 3 樓餐廳抽號碼牌，以免久等。

　　2 樓的其他區域還有漫畫區，有一整排哆啦 A 夢漫畫可以重溫舊夢，旁邊也有一個兒童遊戲空間跟哺乳室、尿布檯。播放影片的劇場（F シアター）也在 2 樓，會播放外面看不到的卡通影片，請務必看好播放場次時間再去排隊。

　　3 樓則是美術館餐廳跟戶外遊戲區，美術館餐廳裡面的餐點都以哆啦 A 夢主角設計出來，非常的可愛喔！戶外遊戲區則是以一片寬廣的草原為主，孩子可以到各個角落去探索，有哆啦 A 夢、哆啦美、大雄等卡通人物能夠一起合照。草地旁的小攤販也能買到哆啦 A 夢最愛的銅鑼燒跟背書麵包呢！

❹ 品嚐到背書麵包　❺ 2 樓的兒童遊戲空間　❻ 也有大雄的家模型展　❼ 也能造訪任意門　❽ 戶外區好愜意

🔍 藤子 ・F・ 不二雄美術館

地址	〒 214-0023 神奈川県川崎市多摩区長尾 2 丁目 8 番 1 号
電話	0570-055-245
休館日	每週二、年末 12/30 ～ 1/3 休館， 另外有不定時休館時間，請查詢官網

官網　　　地圖

哺乳室　尿布檯　幼兒遊戲室　嬰兒車放置場　餐廳禁帶外食　無停車場　投幣式儲物櫃

禁止照相及手機　10:00-18:00　每週二、12/30-1/3休

年齡	1.5 歲～成人（較適合會走路的孩子探索），嬰兒也能進去喔！
遊樂時間	2.5 小時左右（因交通較遠需安排半天時間）
嬰兒車	有放置場（嬰兒車不能推進去，小嬰兒請自備揹巾）
餐廳	除嬰兒副食品外，不能外帶食物
參觀場次	每小時各一場
入場費	一定要事先購票，無法現場購票，詳細購票方式請見下一頁

日本購票
- 大人 1000 日幣
- 幼兒（4 歲以上）500 日幣
- 國中生～高中生 700 日幣
- 3 歲以下免費

Tips

因藤子 ・F・ 不二雄先生的家鄉為高崗市，藤子 ・F・ 不二雄美術館已於 2015 年 12 月於富山縣高崗市設立第二間展覽處。詳情請見

🚌 交通指南

從新宿出發可搭小田急線至登戶站下車，轉搭川崎市直達巴士可直接到博物館門口。（每 10 分鐘一班，巴士費用大人 210 日幣、小孩 110 日幣，也能用交通卡刷）

小田急線登戶站內部圖

藤子 ・F・ 不二雄美術館的專門公車，裝飾得很可愛

日本 Lawson 便利商店購票方式

藤子・F・不二雄美術館採用跟三鷹之森吉卜力美術館一樣的事先預約制，每天限額 2000 人參觀，在購票上也比較麻煩一些，無法在美術館現場購票。能夠買票的管道有三種：

❶直接到日本 Lawson 超商的 Loppi 機台直接購票。

❷透過東南旅行社購票（目前暫停販售）：每月 30 日起，銷售未來 2 個月的票，票價為成人 500 台幣、12 歲～17 歲 400 台幣、4 歲～11 歲 350 台幣。

❸透過 KKday 網站預先購票（目前暫停販售）：票價為成人 388 台幣、12 歲～17 歲 296 台幣、4 歲～11 歲 242 台幣。（價格會變動）

❹透過 KLOOK 網站購票（目前暫停販售）：在東京機場領取門票，票價為成人 388 台幣、12 歲～17 歲 298 台幣、4 歲～11 歲 239 台幣。（價格會變動）

藤子・F・不二雄美術館相較之下並未像三鷹之森吉卜力美術館一樣熱門，建議能在安排前往藤子・F・不二雄美術館前幾天，於日本當地 Lawson 超商購買即可，除非一些大的節慶可能比較會額滿，通常都會有票。

KKday 購票網站

KLOOK 購票網站

操作方式

1. 找到紅色的 Loppi 機器

2. 開始畫面下面一排就有藤子・F・不二雄美術館的快速鍵

3. 選擇你想要去的月份

4. 再選擇日期（每週二休館）

5. 再選擇場次

6. 再點選「入館引換券」

7. 選擇需要購買票種的張數，再按橘色的「申し込む」鍵

8. 詢問你有沒有以上的日本集點卡，請按「いいえ」（沒有）

9. 接著要輸入你的名字日文念法（任意按一按即可，因為會立刻付款）

10. 接著輸入電話號碼（住宿飯店電話即可）

11. 最後確定要購買的張數無誤，請按下橘色的「確定する」

12. 跑出整理券，在 30 分鐘內拿去櫃台付款即可！

橫濱麵包超人博物館

横浜アンパンマンこどもミュージアム＆モール

雨天ok!　人氣景點

鄰近景點　★ 橫濱杯麵博物館　◎ 橫濱 Nissan Gallery
◎ 三菱未來技術館、橫濱 Cosmo World、橫濱紅倉庫、港未來 21、MARK IS 購物商場等

受到小孩歡迎的卡通「麵包超人」，除了在日本是家喻戶曉的卡通之外，在亞洲也擁有超高人氣。到日本，可別忘了帶孩子到麵包超人博物館，東京地區位於橫濱，關西則位於神戶，有時間都能去拜訪。

橫濱麵包超人博物館是個繽紛多彩的童趣樂園，裡面共分為三層樓的主題館、1 樓廣場區的購物商場跟餐廳，帶孩子來這邊慢慢玩，能消磨半天的時間。

主題館內有各式以麵包超人為主的遊樂設施，館內不能推嬰兒車進去，得將嬰兒車放置於入口處（建議較小孩子可攜帶揹巾）。館內有許多表演活動，最好先查詢相關時間，記下想要參加的場次再去館內參觀，才不會錯過有趣的表演喔！

主題館裡 1 樓主要為餐廳及賣場，這裡有麵包超人餐廳，可以特別預約生日派對。也有漢堡餐廳可以選擇。另外受大人小孩歡迎的果醬爺爺麵包工場，也可以買好吃的主題麵包回家。1 樓為免費參觀，2、3 樓才是要付費的博物館參觀區。不過光是入口的麵包超人雕像就能讓人盡情拍照了！

在館內經常舉行活動，會有麵包超人卡通人物出來帶動跳，也有小型劇場見面會、勞作跟活動等等。如果去參觀博物館，也別錯過豐富的活動與見面會喔！

每天活動
查詢網站

❶ 大門前就有一個大型麵包超人 ❷ 搬到新館後佔地更大更好逛 ❸ 1 樓為餐廳與購物區 ❹ 可以在麵包超人餐廳用餐

❶ 日本家喻戶曉的麵包超人卡通博物館 ❷ 每天都有小型劇場見面會 ❸ 廣場區同時也是劇場表演場地 ❹ 這裡很適合小小孩放電 ❺ 有不少動手做的遊樂設施 ❻ 這裡是小小孩的歡樂天地 ❼ 果醬爺爺麵包工場有好多可愛的麵包

2 樓有各式不同遊戲區域，中央有廣大的廣場，能讓孩子盡情奔跑，有劇場表演時，這裡也成為最適合的表演場地。這裡也有小小孩可以動手做的麵包工坊。另外這裡的球池也是小孩放電最好的地點。

3 樓是大型的麵包超人角色大集合區域，孩子們能在這裡盡情的玩遊樂器材，跟喜愛的人物合照。

1 樓廣場也有許多可逛可看之處，最吸引大人小孩目光的就是果醬爺爺麵包工場（ジャムおじさんのパン工場）。在裡面真的能買到麵包超人角色造型的麵包，非常可愛。

在 1 樓廣場還有購物區、麵包超人主題書店、小孩的美髮廳、餐廳等，非常豐富多元。如果有機會帶孩子來橫濱玩，請務必要來橫濱麵包超人博物館走一趟喔！

🔍 橫濱麵包超人博物館

地址	神奈川県横浜市西区みなとみらい 6-2-9
電話	045-227-8855
營業時間	主題館 10：00 ～ 17：00（最後入館時間 16：00）
	購物商場 10：00 ～ 18：00
	餐廳 10：00 ～ 18：00
休館日	1/1，另外有不定時休館，請查詢官網。

官網　地圖

哺乳室　尿布檯　幼兒遊戲室　嬰兒車放置場　展區禁止飲食　停車場　投幣式儲物櫃

餐廳 10:00-18:00　購物商場 10:00-18:00　主題館 10:00-17:00　1/1休館

年齡	0 歲～ 5 歲（適合較小的孩子遊玩），需大人陪同入場
遊樂時間	3 小時左右
嬰兒車	有放置場（嬰兒車不能推進去，較小的小孩請自備揹巾）
入場費	（官網事先購票，有限定人數）
	1 歲以上都要購票，金額依照不同日期而定。
	為 2200~2600 日幣。
	網上購票付款後可手機出示或列印出來。

購票網頁

🚃 交通指南

從東京車站搭 JR 東海道線、JR 橫須賀線到橫濱站轉港未來線（みなとみらい線）到新高島站下，走路 3 分鐘抵達。

從池袋、新宿搭 JR 湘南新宿線到橫濱站轉港未來線（みなとみらい線）到新高島站下，走路 10 分鐘抵達。

或由上野、東京車站搭 JR 京浜東北線，到橫濱站轉港未來線（みなとみらい線）到新高島站下，走路 10 分鐘抵達。

嬰兒車有專門停放場

 港未來線新高島站車站內部圖（通往 2 號出口電梯離麵包超人博物館較近）

KidZania 東京兒童職業體驗樂園

キッザニア東京

雨天ok! 人氣景點

 鄰近景點 ★ 台場富士電視台 ⊙ 東京都水的科學館 ⊙ 日本科學未來館

聽到 KidZania 的名號，想必爸媽們應該都不陌生吧？這間國際連鎖的兒童職業體驗樂園，進軍日本第一間店就是開在東京的 URBAN DOCK LaLaport 豐洲（ららぽーと豐洲）內，之後才在關西兵庫縣開設第二間 KidZania 甲子園，目前在日本共有東京跟甲子園兩間分店。雖然兩間都是 KidZania，但其實配備跟設置還是稍有不同，也各有特色，很建議到當地都能帶孩子去玩玩看。

KidZania 東京開設在 URBAN DOCK LaLaport 豐洲這間複合式商場裡，同時也緊鄰許多重劃住宅區，是許多日本爸媽平假日會帶小孩來逛的商場，日本小學戶外教學也會帶學生來 KidZania 東京，因此 KidZania 東京人氣一直很旺，就算平日入場人數也很多，建議事先預約會比較好！

KidZania 東京裡共有 100 多種體驗，適合的年齡層很廣，滿 3 歲以上到 15 歲都可以來玩，而且因為可以體驗的職業真的很多，基本上一次是玩不完的。它分成兩個場次，第一回入場 9：00 ～ 15：00、第 2 回入場 16：00 ～ 21：00，兩場之間會清場，第一回比第二回入場價格稍貴些，在 KidZania 裡有許多設施都能以英語來體驗，所以不會日文的孩子就能用英文來體驗。如果孩子英日語都聽不懂也沒關係，小孩自己會找到辦法的，就安心讓孩子去闖一闖吧！另外，三個月前預約還有折扣，預約平日場會比假日場便宜。

❶ 在每場的 30 分鐘前開始入場 / 照片提供：KidZania ❷ 報到後就可以領取需要的工作卡 / 照片提供：KidZania ❸ 館內有 100 多種體驗 / 照片提供：KidZania ❹ 機長體驗十分熱門 / 照片提供：KidZania

參加 KidZania 東京流程

請在每場 30 分鐘前開始入場，辦完入場手續，會領到 50 kidZos（キッゾ）、館場地圖跟工作行程卡（JOB スケジュールカード）。有些職業體驗是屬於要付費的「消費者」，這時就必須拿你的 kidZos 紙鈔來付費參加；有些職業體驗是屬於可以賺錢的「職業」，只要工作完畢就能拿到 kidZos 紙鈔當作酬勞。這些 kidZos 紙鈔也可以存起來下次入館再使用，沒有期效限制。孩子持「工作行程卡」到希望體驗的職業地點，將「工作行程卡」交給現場工作人員，工作人員會看目前預約狀況，請孩子在現場等待入場，或是預約好時間再請孩子回來體驗，不過請注意，不能一人重複預約體驗兩次喔！

選擇自己喜歡的職業來體驗

KidZania 東京裡共有 100 多種體驗，分為餐飲類、車輛相關、製造業、服務業、機械、運動相關、傳播／研究相關、顧客服務、娛樂業、跟流行設計等十大職業體驗類別，建議在出發前先跟孩子一起研究希望體驗的職業。在 KidZania 東京裡也有許多特別的職業體驗，例如餐飲業的自動販賣機業者，孩子們能自己運送飲料到機器內，學習到管理的知識；另外，製做麵包蛋糕的職業體驗也是人氣很高的項目。在車輛相關工作中，也能體驗電車司機、維修人員、汽車設計人員、消防員、宅配人員、機長跟空姐等職業，其中一個比較特別的就是跟東京瓦斯合作的電力能源檢查員，孩子可以在 KidZania 裡走透透，檢查電力配送情形喔！

KidZania 東京裡還有一些特別的項目，例如在繪畫道具屋裡，孩子們能親手體驗製作水彩、彩色筆的樂趣，做好的畫具也能帶回家喔！在鉛筆工場裡，孩子們能從鉛筆最初的製造過程開始參與，動手製作三支屬於自己獨一無二的鉛筆，非常有成就感。建議可以來 KidZania 東京好幾次，讓孩子好好體驗對各行各業認真負責的敬業精神！

❶ 每項工作門口都標示出預約情況 ❷ 各處都能看到小小宅配員的身影／照片提供：KidZania ❸ 體驗當自動販賣機業者十分有趣／照片提供：KidZania ❹ 小小電力能源檢查員／照片提供：KidZania ❺ 體驗自己做鉛筆／照片提供：KidZania ❻ 許多設施都能以英語體驗／照片提供：KidZania

🔍 KidZania 東京兒童職業體驗樂園

地址	〒 135-8614 東京都江東區豐洲 2-4-9 URBAN DOCK LaLaport 豐洲 NORTH PORT 3F
電話	0570-06-4646
營業時間	第 1 回入場 9：00 ～ 15：00 第 2 回入場 16：00 ～ 21：00
休館日	不定時休館

官網 　地圖

 哺乳室　 尿布檯　 幼兒遊戲室　 置物櫃　 餐飲區　 工作區禁止飲食　 停車場　 紀念品　 不定時休

年齡	3 歲～ 15 歲需大人陪同入場，0 ～ 2 歲孩童無法體驗但可陪同入場
遊樂時間	半天，分不同場次
嬰兒車	可推進去
飲食	有餐廳，工作區禁止飲食
停車場	有（位於 URBAN DOCK LaLaport 豐洲購物中心裡）

園內也有給幼兒的遊戲區

入場費（此為一般預約金額）

	平日	週末 / 假日
3 歲～ 6 歲	第一場 2400 日幣 第二場 3300 日幣	第一場 5000 日幣 第二場 4000 日幣
小學生	第一場 2700 日幣 第二場 3800 日幣	第一場 5500 日幣 第二場 4500 日幣
國中生	第一場 2700 日幣 第二場 3800 日幣	第一場 5500 日幣 第二場 4500 日幣
大人	第一場 1700 日幣 第二場 2300 日幣	第一場 2500 日幣 第二場 2400 日幣
60 歲以上	第一場 1300 日幣 第二場 1200 日幣	第一場 1400 日幣 第二場 1300 日幣
0 ～ 2 歲	（有幼兒遊樂區，無職業體驗）	

還有許多配套折扣方案，請詳見日文官方網站。

🚃 交通指南

從東京地鐵有樂町線到「豐洲駅」下車 2 號出口走至 URBAN DOCK LaLaport 豐洲。

或搭乘百合海鷗號（ゆりかもめ）到「豐洲駅」下車走至 URBAN DOCK LaLaport 豐洲。

 有樂町線到「豐洲駅」車站內部圖（7 號為電梯出口）

讀賣樂園
よみうりランド

 戶外景點　 人氣景點

　　帶孩子來東京，有許多大型遊樂園很值得玩逛。距離東京市中心不遠，從新宿站搭京王電車只要 30 分鐘就能到達的讀賣樂園，向來是東京人愛去的樂園，尤其是冬季 Jewellumination 夜間點燈時期，更是吸引數以萬計人潮造訪。讀賣樂園很適合全家同遊，可以在這裡從早到晚玩一整天，不過點燈時期晚上風很大，請記得要多穿點喔！

　　讀賣樂園總共有 44 種遊樂設施，設施都經過良好維護及不斷開發更新，吸引著樂園愛好者再訪。而讀賣樂園最大的賣點之一，就是各個季節的特色風景與裝置設施，春季這裡會開滿櫻花，前來遊玩時能享受在櫻花盛開簇擁下玩耍的樂趣。夏日季節的六月底到九月初會規劃泳池戲水區，也吸引了不少家庭前來戲水。

① 讀賣樂園是東京人氣很旺的遊樂園　② 園內有 44 種遊樂設施
③ 適合全家大小來遊樂

冬季必看夜間點燈秀

　　讀賣樂園最著名的還是每年冬季 10 月至 2 月份的 Jewellumination 夜間點燈。由照明設計師石井幹子企劃，以寶石燈彩點亮整個讀賣樂園，堪稱東京都內最壯觀的夜間點燈景觀之一。某些區域還會搭配音樂跟水舞一起進行聲光水舞秀，十分壯觀。而且夜間當整個園區燈光亮起時，邊玩遊樂設施還能邊享受沐浴在燈海內的夢幻感，大概也只有來讀賣樂園才體會得到。

　　樂園內的遊樂設施多元，有適合大人也有適合小孩玩的，更有適合全家同樂的，每項設施都會註明適合的年齡層，建議入園後先拿一份中文的園區地圖，上面都會寫得非常詳細。讀賣樂園入場券共分三種價位：一日暢遊券（入園＋海獅秀＋最多 41 種遊樂設施無限搭乘）、入園券（僅入園）、兒童暢遊券（入園＋海獅秀＋最多 22 種適合兒童的遊樂設施無限搭乘）。海外遊客可以在購買入園券時出示外國護照，或許有可能獲得購票折價優惠（依讀賣樂園當時活動而定），別忘了在購票時詢問一下喔！

❶ 冬季點燈秀非常浪漫 ❷ 遊玩時也能一邊欣賞璀璨燈光

44 種遊樂設施各有特色

讀賣樂園園區佔地廣大，共分為 Bandit 區、家族區、太陽廣場舞台、旗幟街道、LanLan 區、GoodJoba!! 六大遊樂區，驚險刺激的設施如雲霄飛車、高空彈跳、海盜船等一樣都沒少，適合小孩玩的小小孩消防噴水槍、旋轉木馬、小火車、宇宙噴射機、賽車等也一應俱全，還可以搭上大摩天輪，全家一起俯瞰美麗風光。

推薦一定要造訪的就是 GoodJoba!! 區；這區屬於讀賣樂園新開發的園區，裡面有許多創新的遊樂設施，在 FOOD factory 這棟建築物裡，可以體驗自己做「日清 UFO 飛碟炒麵」，不僅如此，也能親身體驗 UFO 炒麵水上遊樂設施，但記得要帶雨衣。

另一個 CAR factory 則包羅了跟車子有關的遊樂設施，能體驗自己組裝車子的樂趣，還能搭車去兜風，體驗賽車樂趣。更別忘了在 CAR factory 入口處有個跑車 / 機器人的定時變形金剛展演，一定要帶孩子來看喔！

❶ 旋轉木馬適合全家搭乘 ❷ 許多經典的遊樂設施都有 ❸ 無論各年齡層都能在此玩得開心 ❹ GoodJoba!! 區很值得來體驗 ❺ 跟日清 UFO 飛碟炒麵合作的遊樂設施 ❻ 在 CAR factory 裡能自己組裝車子

讀賣樂園

地址　　〒 206-8725 東京都稲城市矢野口 4015-1

電話　　044-966-1111

營業時間　平日為 10：00 ～ 17：00，假日可能調整成 9：00 ～
20：00，每天會有所不同，每月不定休，請務必查詢
日文官網「營業時間」一欄

官網　　　　　地圖

 哺乳室　　 尿布檯　　 幼兒遊戲室　　 停車場　　 餐廳

 投幣式儲物櫃　　 紀念品　　 不定休

年齡　　全年齡適合

遊樂時間　一整天

嬰兒車　可推進去

入場費

讀賣樂園裡的吉祥物 Good&Lucky

	成人 （18 歲～ 64 歲）	國高中生	3 歲～未上小學	小學生 / 長者 （65 歲以上）
一日暢遊券 （入園＋海獅秀＋最多 41 種遊樂設施無限搭乘）	5800 日幣	4600 日幣	2400 日幣	4000 日幣
入園券 （僅入園，搭乘設施另付費）	1800 日幣	1500 日幣	1000 日幣	1000 日幣
午後入園暢遊券 （下午 3 點後入園）	3100 日幣	2500 日幣	1500 日幣	2200 日幣

※ 網路事先購票另有折扣。

🚋 交通指南

京王線「新宿駅」搭乘京王線到「京王よみうりランド駅」下車，再轉搭纜車即可到達園區入口。

小田急線「新宿駅」搭乘小田急小田原線到「読売ランド前駅」下車，再轉搭公車即可到達園區。

三麗鷗彩虹樂園
サンリオピューロランド

雨天ok! 人氣景點

 鄰近景點　⊙東京多摩動物公園　⊙京王鐵道樂園

喜歡 Hello Kitty、Kiki& Lala、My Melody、布丁狗等三麗鷗（Sanrio）家族卡通人物的大人小孩，到東京務必要抽空來三麗鷗彩虹樂園（Sanrio Puroland）朝聖一下！在東京跟九州各打造一間主題樂園的三麗鷗集團，將三麗鷗彩虹樂園幻化成夢幻的卡通世界，讓喜歡三麗鷗卡通的媽媽跟小孩們為之瘋狂！

館內共分為 4 樓，其中主要出入口在 3 樓（推嬰兒車入口），3、4 樓為紀念品賣場跟餐廳等設施，遊樂設施則在 1、2 樓。建議可從 2 樓往 1 樓開始玩起，最後到 3、4 樓用餐及購買紀念品。

2 樓主要景點有 Kiki & Lala 閃亮之旅、Kitty 女士之家（可以跟 Kitty 拍照，購買照片需另行付費）、三麗鷗明星家族飄飄船等設施。在 2 樓就能滿足 Kitty 迷想跟 Kitty 會面的幻想！

❶ 滿足 Hello Kitty 迷的夢幻天堂 ❷ 三麗鷗彩虹樂園位於多摩區 ❸ 可以參觀 Kiki & Lala 的世界

　　1 樓則有劇場、演出舞台、餐廳跟美樂蒂之路兜風遊。其中在 1 樓的 Puro 村莊，每天下午 1 點左右有一場「Hello Kitty 舞台秀」。在智慧樹小舞台區，每天有兩場秀。另外在夢幻劇場區，每天有 2 ～ 3 場的 Hello Kitty 舞台劇等。每天都有許多表演會在 1、2 樓上演，時間也會稍微有所變動，請直接上日文版官網查詢。

查詢當天表演時刻表

❹❺ Kitty 女士之家裡都是粉紅色為主的佈置　❻ 各式大型演出都是 kitty 迷最愛

🔍 三麗鷗彩虹樂園

地址	〒 206-8588 東京都多摩市落合 1-31
電話	042-339-1111
營業時間	依平時與休假日開館時間不同，早上 10：00 開館，閉館時間 17：00 ～ 20：00 都有 詳情請查詢官網
休館日	一般為週四休館，另外有不定時休館，請查詢官網

官網　　　　地圖

 哺乳室　 尿布檯　 幼兒遊戲室　 嬰兒車放置場　 餐廳禁帶外食　 展區禁止飲食　 停車場

 投幣式儲物櫃　 10:00-20:00　 每週四休館

這裡的餐廳也好夢幻

年齡	1.5 歲～成人（適合會走路的孩子探索），0 歲嬰兒也能進去喔！
遊樂時間	3 小時左右
嬰兒車	有放置場、於平日可推進去（假日請放置於 3 樓嬰兒車放置場）
飲食	有餐廳，展區禁止飲食，禁止攜帶外食
外國人免稅	有（退稅櫃台於 4 樓）
入場費	建議網路事先購票，也可以現場購票

入場門票

	平日票券	假日票券
日本購票	大人（18 歲以上） 3600 ～ 4300 日幣 小孩（3 ～ 17 歲）2500 ～ 3200 日幣 2 歲以下免費 （週五票價不同）	大人 4600 日幣 小孩 3500 日幣
台灣購票 KKday、KLOOK、各大旅行社	通用券（大人小孩皆適用）650 台幣左右 2 歲以下免費 不分平假日	

🚋 交通指南

無論從東京何處出發，都要在新宿換搭京王線至多摩センタ站。從南口出站後，往丘之上廣場（丘の上プラザ），第一個十字路口往左直走就到了（沿途有標示）。

京王多摩センタ車站

JUMP SHOP

　　這裡是《週刊少年 Jump》旗下的專賣店，所有《週刊少年 Jump》漫畫周邊相關產品在這裡也能找到喔！JUMP SHOP 在東京總共有三間店舖，如果對《週刊少年 Jump》裡漫畫人物周邊產品有興趣的人可以去挖寶。

❶ JUMP SHOP 裡的商品很多喔

❷ 可以跟海賊王拍照

1

2

❶ 周邊商品應有盡有　❷ 來跟七龍珠悟空拍照

🔍 JUMP SHOP

東京車站一番街 B1 店舖

地址	東京都千代田区丸の内 1-9-1　東京駅一番街 地下 1 階
電話	03-3215-0123
營業時間	10：00～20：30
交通	東京車站裡靠近八重洲出口

晴空塔 3 樓店舖

地址	東京都墨田区押上 1-1-2　東京晴空塔 3F
電話	03-5610-5422
營業時間	10：00～21：00
交通	押上站

東京巨蛋店

地址	東京都文京区後楽 1-3-61　東京巨蛋内
電話	03-5842-6844
營業時間	平日 10：30～19：00 週末假日 10：00～19：00 無休
交通	水道橋站

烏龍派出所～來龜有尋找兩津勘吉

 戶外景點　 私房景點

受到大人小孩歡迎的漫畫《烏龍派出所》（日文簡稱こち亀），由作者秋本治創作，從 1976 年開始連載，目前已經連載了 40 年，後來也拍成電視動畫在許多國家播出。主人翁兩津勘吉在新葛飾署的龜有公園前派出所工作，他常常鬧出許多笑話，也化解了許多危機。雖然是漫畫角色，但實際上真的存在「龜有」這個地方，位於離上野不遠的東京都葛飾區龜有（日文寫成「亀有」）。

龜有本來是個東京小市鎮，2006 年決定在車站附近設置 14 座《烏龍派出所》漫畫人物銅像（日文稱為「こち亀銅像」）。另外在 Ario 商場 3 樓也設置了《烏龍派出所》展覽區，突然間，寧靜的小市鎮開始多了觀光客來追尋《烏龍派出所》的蹤跡，也算一種小市鎮改造成功的方式吧！

在龜有站的北口及南口都有設置《烏龍派出所》漫畫人物銅像，主要以南口為多。在龜有車站內就有《烏龍派出所》漫畫人物銅像地圖，可以免費索取。在尋找《烏龍派出所》漫畫人物銅像時，也可以逛逛附近小店，尋找相關紀念品喔！

❶ 可以想像一下烏龍派出所的樣子　❷ 在龜有公園裡的兩津勘吉　❸❹ 在北口附近的銅像

113

🔍 烏龍派出所～來龜有尋找兩津勘吉

地址	東京都葛飾区亀有車站附近
年齡	0 歲～成人
遊樂時間	1.5 小時左右
投幣式儲物櫃	有（亀有車站）

龜有商店街
官網　　　　地圖

龜有站因為烏龍派出所變得有趣

🚃 交通指南

從上野站搭乘 JR 常磐線至亀有站下，北口南口都可走訪。

JR 亀有站車站內部圖
（有電梯、手扶梯）

龜有北口南口都有銅像可探訪

在車站裡就能索取免費地圖

淺草花屋敷
淺草花やしき

 鄰近景點　★淺草寺與仲見世通、阿美橫町　◎淺草文化觀光中心

　　提到淺草花屋敷，在日本幾乎無人不知，因為它是日本最古老的遊樂園，建於 1860 年，而且地理位置非常好，就在淺草寺旁邊，位居市中心。但別小看它歷史悠久，它可是擁有現存最古老的雲霄飛車呢！這裡無論是平日或假日，都還是會有許多爸媽特地帶孩子來此搭乘這些維護良好、又非常有懷舊感的遊樂設施。來這裡不是為了追求新穎或刺激，速度也不在考量之內，找到一種單純的懷舊幸福感，大概也只有淺草花屋敷能提供給你。

　　淺草花屋敷最有特色的就是現存最古老的雲霄飛車，它已經有超過 60 年以上的歷史，但保存維護得相當良好，也不會太過刺激，很適合年紀較小的孩子搭乘，也有許多大人專程來體驗懷舊感。這裡還有大怒神、鬼屋、海盜船等比較刺激的遊具，以及輕鬆愉快的旋轉木馬、天鵝船跟小汽車等等，如果想要體驗不同的懷舊樂園氣氛，一定要來淺草花屋敷玩一趟。

❶ 淺草花屋敷至今依舊很受歡迎　❷ 園區不大，但遊具卻不少　❸ 許多設施都很適合小孩　❹ 也有經典的天鵝船

⑤ 園區裡也有旋轉木馬　⑥ 位於東京市中心的懷舊樂園

🔍 淺草花屋敷

地址	〒 111-0032 東京都台東区浅草 2-28-1
電話	03-3842-8780
營業時間	10：00 ～ 18：00

官網　　　　地圖

 哺乳室　 尿布檯　 嬰兒車　 餐廳　 紀念品商店　 無休

年齡　　**全年齡適合**
參觀時間　**半天**
入場費

遊具都很適合全家大小

	大人（國中～ 64 歲）	小學生	未上小學	長者（65 歲以上）
僅入園門票	1000 日幣	500 日幣	免費	500 日幣
門票＋園內遊具全包	2800 日幣	2400 日幣	2200 日幣（2 歲起要購票）	2200 日幣

也可現場購買搭乘券，一張 100 日幣，每個設施搭乘所需張數不同。

🚇 交通指南

東京地下鐵銀座線、都營淺草線「淺草駅」下車。

淺草駅車站內部圖
（銀座線出口 1 號為電梯出口）

東京玩具美術館

東京おもちゃ美術館

雨天ok!　人氣景點

鄰近景點　　四谷消防博物館　　新宿御苑　　明治神宮　新宿周邊景點

　東京玩具美術館，不僅是一個以「玩具」為主的美術館，更是日本特別推廣「木育」的重鎮。所謂的「木育」，也就是專門運用木頭所做的質感玩具，讓孩子能接觸到以大自然材料為原料的玩具。相較於現代多半是塑膠玩具充斥的情形下，高品質的木頭玩具，更能讓孩子培養美感跟觸感。

　玩具美術館早期位於東京都中野區，後來將舊四谷第四小學校舍改建後，於 2008 年搬遷到現址。這裡是由非營利組織經營，也致力於推動兒童的美感教育，於是將整間玩具博物館打造為木造玩具的天堂。

❶ 以木製玩具為主的東京玩具美術館 ❷❸ 強調木育的玩具美術館

❹❺ 寶寶遊戲室提供較小的孩子安全玩耍空間
❻❼ 利用木頭打造的遊樂場非常舒服　❽ 玩具
美術館限定扭蛋機

　　裡面共有 3 層樓、11 間教室，以各種不同玩具為主題設計。如果孩子年齡比較小（0歲～2歲），也有專門供較小年齡寶寶遊玩的主題遊樂室（赤ちゃん木育ひろば）。位於 1 樓，特別選用杉木打造出所有的木頭玩具，有大型木馬、木製手抓玩具、木頭火車等。這間較小年齡寶寶遊玩的遊樂室是為了要保護小寶寶的安全，請勿讓 3 歲以上的孩子進入玩耍喔！

　　位於 2 樓的玩具森林（おもちゃのもり），則是沒有限制年齡的遊戲場，從小寶寶到大孩子都能來這邊遊玩。裡面是全部以木頭打造的遊戲空間，大片的木球浴場非常壯觀，躺起來也很舒服喔（孩子們都很愛）！能爬上爬下的走道階梯都是木製，也有各式木頭玩具能夠玩耍。

　　在這裡也能買到製作細緻的木頭玩具，也非常推薦入口的小型木製玩具扭蛋機。這種小型木製玩具扭蛋在別的地方都找不到，很值得購買！

🔍 東京玩具美術館

地址　〒 160-0004 東京都新宿区四谷 4-20
電話　03-5367-9601
營業時間　10：00 ～ 16：00（最後進場 15：30）
休館日　每週四、年末 12/26 ～ 1/5、另有特別休館日
　　　　（請上官網查詢）

官網

地圖

哺乳室　尿布檯　嬰兒車放置場　幼兒遊戲室　禁止飲食　無停車場　10:00-16:00　每週四、12/26-1/5休

年齡　0 歲～國小（大人需陪同）
遊樂時間　3 小時左右
嬰兒車　不可推進去（有放置場），較小嬰兒請帶揹巾
入場費
　國中生以上 1100 日幣
　6 個月大～小學生 800 日幣
　需事先上官網預約（日文網頁）

入場預約網址

嬰兒車需放置館外

🚃 交通指南

搭乘電車

東京地鐵丸之內線「四谷三丁目站」2 號出口，走路 10 分鐘可到達。（搭乘往荻窪方向的列車，會停在出口沒有電梯／手扶梯的月台，要有爬樓梯的心理準備；往池袋方向的月台才會直通到有電梯的 2 號出口）

四谷三丁目車站內部圖
（2 號出口有電梯）

ASObono 室內遊樂園

ASObono！アソボ〜ノ

雨天ok！ 人氣景點

 鄰近景點　◎東京巨蛋　◎後樂園

　位於東京巨蛋的 ASObono 室內遊樂園，為東京都內最大型的室內遊樂園，也是東京居民帶小孩放風玩耍的好去處。其中分為五個主題區域，分別是海洋、車站、森林、街道跟 0 ～ 24 個月的幼兒區。每個區域都非常大，有很多空間能讓孩子自由的玩耍。因入場人數會特別控管，玩具也很充足，不太會發生玩具不足的情形。如果天氣不好，孩子又沒地方放風，非常適合帶來 ASObono 盡情享樂喔！

海洋區

　這裡有一個東京都內最大型的兒童球池，以海洋為主題，孩子們能盡情的在上面航海探險。好幾座溜滑梯能滑到球池裡，也很安全。還有一個巨大的充氣彈跳處，安全措施做得很細心，能讓孩子盡情的跳、爬、滾跟跑。海洋區則是孩子們放電、消耗體力的好去處。

東京市最大室內遊樂園

❶ 以球池為主的海洋區　❷❸ 讓孩子能盡情消耗體力的區域

車站區

這一區占地 100 平方公尺（30 坪左右），以車子為主題，有數不清的多美小車跟 PLARAIL 鐵道王國的各式車輛，還有一大片的樂高區，讓人看得眼花撩亂，但對於孩子來說，則是天堂！愛車小男孩在這裡保證玩到不想離開。

森林區

有許多益智的遊戲，能讓較大的孩子去探索。桌遊、積木等遊戲非常豐富。

街道區

讓喜歡玩扮家家酒的孩子盡情享樂的地方。從自行到菜市場買菜、煮菜，到跟爸媽一起分享，還有豐富的圖書繪本區，能讓孩子盡情玩耍。

0 ～ 24 個月幼兒區

這區特別限定年齡較小的寶寶玩耍。同時顧及寶寶的安全，在孩子的安全細節把關得非常嚴謹，讓爸媽也很放心。

雖然館內沒有餐廳，但有販賣機賣飲料跟離乳食。在 ASObono 外的東京巨蛋美食街裡餐廳也非常多，若購買一日遊券，可以出場吃飽後再進場繼續玩。

❶ 多美小車、PLARAIL 鐵道王國的天下 ❷ 愛車小孩會黏在這裡不肯走 ❸ 小寶寶能盡興玩耍的幼兒區 ❹ 以益智活動為主的森林區 ❺❻ 以超市為主題的扮家家酒街道區

🔍 ASObono 室內遊樂園

地址	〒 112-0004 東京都文京区後楽園 1-3
電話	03-3817-6112
營業時間	平日 10：00 ～ 18：00、週末 9：30 ～ 19：00 （關門前 70 分鐘最終入館）
休館日	無休

官網 　地圖

 哺乳室　 尿布檯　 嬰兒車放置場　 幼兒遊戲室　 遊戲區禁止飲食　 停車場　 10:00-18:00　 5 無休

年齡	0 歲～小學生（大人需陪同），國中生以上無法單獨入場
遊樂時間	3 小時左右（依購買票券為主）
嬰兒車	不可推進去（有放置場），較小嬰兒請帶揹巾

入場費

平日一日套票 （可再進出不限時間，假日不販售，限額販售）	6 個月大～小學生
1800 日幣	平日 950 日幣（限時 60 分鐘，出館不可再入館），延長每 30 分 450 日幣。 假日 1050 日幣，延長每 30 分 500 日幣。

中學生以上	0 ～ 5 個月大嬰兒
平日 950 日幣、假日 1050 日幣 若陪伴入場的小孩買到一日套票，可再度入館	免費

🚋 交通指南

請搭乘 JR 中央線、總武線或都營三田線到「水道橋」站下車

 JR 水道橋車站內部圖
（只有往御茶ノ水・秋葉原東口有手扶梯及電梯，西口為小段樓梯）

 都營三田線車站內部圖
（有手扶梯、電梯，對外出口 A2 有電梯）

台場樂高遊樂園

レゴランド・ディスカバリー・センター東京

 雨天ok! 人氣景點

 鄰近景點　台場附近景點都能排進去，同時也別忘了安排台場購物行程
　　　　★台場富士電視台　◉日本科學未來館　◉東京都水的科學館

　樂高，一直是許多孩子心目中最愛的玩具之一，它能培養孩子創造力跟想像力，如果以樂高為主題建造樂園，更是讓孩子玩到不想回家呢！

　在日本，目前有兩座小型室內樂高樂園，一座是在 2012 年開幕位於東京台場的樂高樂園，另一座是 2015 年開幕位於大阪港區的樂高樂園。另外在 2017 年，一座大型的樂高樂園則選在名古屋開幕，樂高對日本小孩的影響力可見一斑。

　位於台場的樂高樂園，入口看起來雖然不大，但是裡面的遊樂設施可不少，共有 12 個遊樂區域、一間咖啡廳、商品賣場跟 4D 劇院；裡面總共使用超過 300 萬片的樂高建造出主題樂園，能紮紮實實讓孩子拚命玩個三個小時還不想回家。

❶ 台場樂高樂園非常受歡迎　❷ 樂高樂園位於台場 DECKS　❸❹ 用各式樂高打造出來的樂園

其中的迷你樂園（MINILAND®），用 167 萬個樂高搭建出東京景色，有東京鐵塔跟天空樹，當然也有在地的台場全景，還可以看到兩國國技館裡面正在上演相撲比賽，非常栩栩如生呢！

其中的 DUPLO® Village 比較適合小小孩玩耍，因為這裡的樂高屬於 DUPLO® 系列，比較大塊，小嬰兒玩起來也比較放心。喜愛賽車的小孩，到了 LEGO® Racers: Build & Test 區會非常開心，發揮創意，用樂高自己組裝出一部賽車，再拿到賽車區試跑，看看誰的車子跑得快又堅固，這一區會讓很多孩子瘋狂！如果到台場，請務必帶孩子來樂高樂園玩耍喔！

❺ 樂高搭建的東京鐵塔　❻ 樂高的東京灣景色　❼ 小孩子玩的 DUPLO® Village　❽ 自己用樂高做車子來賽車　❾ 啟發創意與想像力的樂園

🔍 台場樂高遊樂園

地址　〒 135-0091 東京都港区台場 1-6-1 DECKS Tokyo Beach 裡的 Island Mall 3 樓（デックス東京ビーチ アイランドモール 3 階）

電話　03-3599-5168

營業時間　平日 10：00 ～ 20：00（最後入場 18：00）
週末 10：00 ～ 21：00（最後入場 19：00）

休館日　不定休（詳情請見官網）

官網　

地圖　

哺乳室　尿布檯　幼兒遊戲室　嬰兒車放置場　餐廳禁帶外食　遊戲區禁止飲食　停車場　10:00-20:00　不定休

遊樂時間　2.5 小時左右

嬰兒車　可推進去、有放置場

飲食　有餐廳、遊戲區禁止飲食，有自動販賣機

入場費　3 歲以上均要購票
網路預約票：平日 2250 日幣，假日 2800 日幣
現場購買：2800 日幣

Tips

事先在官網購買指定日期的預售票最為便宜。

台場樂高遊樂園門票

🚋 交通指南

搭乘 JR、地鐵至新橋站 / 汐留站或豐洲站，轉搭百合海鷗號（ゆりかもめ）至お台場海浜公園站下車，再走到 DECKS Tokyo Beach 商場。

　お台場海浜公園車站內部圖
（出口有電梯及手扶梯）

125

橫濱 BørneLund KID-O-KID 連鎖親子樂園

ボーネルンド キドキド MARK IS みなとみらい店

 雨天ok! 私房景點

鄰近景點　橫濱附近景點都可以排進去　★ 橫濱杯麵博物館　★ 橫濱麵包超人博物館
　　　　　三菱未來技術館、橫濱 Cosmo World、橫濱紅倉庫、港未來 21、MARK IS 購物商場等
　　　　　橫濱 Nissan Gallery

　　BørneLund 名字是由丹麥文的 Børne（孩子）加上 Lund（森林）組合而成，看起來像北歐公司，其實是間不折不扣的日本商社。它是間販售進口兒童玩具、教材、書本為主的公司，之後開始發展出 KID-O-KID 連鎖親子樂園，不過，在市區裡找到的 BørneLund 都是以玩具店為主，連鎖親子樂園 KID-O-KID 因占地比較廣，多設於郊區。在東京市郊的店舖（西新井店、村山店跟八王子店車程都挺遙遠的）、在橫濱 MARK IS 百貨公司 3 樓的 KID-O-KID 則是交通方便的觀光地區，如果行程有排進橫濱，可以來這裡看看。

　　這裡有巨大球池、溜滑梯、體能空間、嬰兒空間、積木、木馬等，都是使用 BørneLund 代理進口的高品質兒童玩具，所以 KID-O-KID 連鎖親子樂園也很受到日本爸媽的歡迎，當然孩子也會玩得非常開心！

❶ 也有非常適合小小孩的區域　❷ 這裡廣受親子歡迎　❸❹ 店內可以購買兒童玩具、書籍

🔍 橫濱 BørneLund KID-O-KID 連鎖親子樂園

地址	神奈川県横浜市西区港未來みなとみらい 3-5-1 MARK IS 百貨公司 3 樓
電話	045-650-1232
營業時間	平日 10：00 ～ 19：00（最後入場 18：30） 週末 10：00 ～ 21：00
休館日	不定休 (與 MARK IS 百貨公司休息時間相同)

官網　　　　　　地圖

 哺乳室　 尿布檯　 嬰兒車放置場　 幼兒遊戲室　 遊戲區禁止飲食　 停車場　 10:00-19:00

5 不定休

Tips

想購買童書或兒童玩具也可以到 BørneLund 購買，品質都很不錯，購物空間內也會有小小的兒童遊戲區喔！

年齡	0 歲～小學生（大人需陪同）
遊樂時間	1~2 小時左右（依購票時間而定）
嬰兒車	可推進去、有放置場
飲食	有餐廳、遊戲區禁止飲食

入場費

6 個月大～ 12 歲	成人
• 平日 700 日幣、假日 800 日幣（限時 30 分鐘，出館不可再入館） • 延長每 10 分 200 日幣	• 600 日幣 • 不須延長費用

一日套票（可再進出不限時間）	0 ～ 5 個月大嬰兒
平日：小孩 1500 日幣、大人 600 日幣 假日：小孩 2000 日幣、大人 600 日幣	免費

🚊 交通指南

從東京車站搭 JR 東海道線、JR 須賀線，到橫濱站轉港未來線（みなとみらい線）到みなとみらい站下車，車站內直達 MARK IS 百貨公司。

從池袋、新宿搭 JR 湘南新宿線，到橫濱站轉港未來線（みなとみらい線）到みなとみらい站下車，車站內直達 MARK IS 百貨公司。

或由上野、東京車站搭 JR 京浜東北線，到橫濱站轉港未來線（みなとみらい線）到みなとみらい站下車，車站內直達 MARK IS 百貨公司。

みなとみらい車站內部圖（3 號出口直達 MARK IS 百貨公司）

大宮鐵道博物館

鉄道博物館てつどうはくぶつかん

雨天ok！　熱門景點

 鄰近景點　♥★上野恩賜公園、阿美橫町等上野周邊景點　埼玉新都心 COCOON CITY 購物中心

　　無論是不是鐵道迷，位於崎玉縣的鐵道博物館都很適合全家大小一起來遊玩，這裡也是很多日本爸媽會帶小孩來的地方呢！如果來東京，非常推薦地大物博的鐵道博物館，它的前身為東京神田須田町的交通博物館（靠近秋葉原站），因 JR 東日本創立 20 周年紀念，於 2007 年 10 月 14 日移到現址。

　　鐵道博物館共有三層樓，館藏有極為豐富的鐵道展示資料及模型，空間擺放各種類型火車、規劃各式跟鐵道有關的體驗及遊樂設施，是日本最大型的鐵道博物館，至少要安排半天時間參觀，但孩子在裡面玩上一整天也沒問題。

> ❶ 定時會噴出蒸氣的 D51 火車頭　❷ 入口處地面為新幹線時刻表　❸ 可以直接買票或用 Suica 卡刷入場（需先過卡）

1

2

3

入口處

　　還未進到大門前就有很多巧思了，引導至大門的走廊地面，標示出新幹線火車時刻表；還未到達大門右手邊，就會看到一輛 D51 蒸氣火車頭，定時會噴出蒸氣跟發出火車汽笛聲，在這裡很適合拍張紀念照。

　　鐵道博物館因為隸屬於東日本鐵道文化財團管理，所以在購票機上可以特別選擇現金付款購買入場卡（出場要繳回），或是用 Suica 卡來當作刷卡入場憑證。

　　入場後右手邊則是占地廣闊的歷史區，裡面展示了 36 輛古董火車，其中包括 6 輛日本皇家御用火車，從早年的蒸氣火車跟電力火車都有，有的車內還能進去參觀。其中中央轉台每天中午 12 點跟下午 3 點都會有一次 8 分鐘的轉車秀千萬不要錯過！

　　再往右手邊走去會到達戶外鐵博廣場區，有兩輛固定式的午餐列車，可以在裡面享用便當。再往右邊走去會有一個 5 吋迷你新幹線 Hayabusa 體驗場，目前只有週六、日及假日，還有 7/18 ～ 8/30 暑假期間會運行。旁邊還有新幹線造型的遊樂場，有些搖搖馬（搖搖新幹線）跟溜滑梯可以玩。

入場後左手邊，最先看到餐廳「日本食堂」，餐點有義大利麵、豬排飯、丼飯等，還有非常可愛的新幹線造型兒童餐，請務必帶小孩來品嚐看看喔！旁邊就是品項豐富的紀念品販售區，能找到許多很棒的鐵道相關產品。

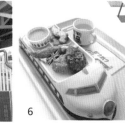

❹ 中央轉台轉車秀 1 天 2 場　❺ 歷史區有許多特別的火車車頭　❻ 火車造型的兒童餐　❼ 想體驗模擬開電車請來此區　❽ 很搶手的火車便當，想買請早喔！　❾ 在館內可以直接搭友好列車　❿ 迷你運轉列車非常熱門

在日本食堂旁邊的室內區，是模擬裝置大廳（シミュレータホール），在這裡可以模擬開山手線、京浜東北線、高崎線、新幹線等列車，都是免費體驗（除了 D51 模擬駕駛需要付費預約以外）。同樣在室內區還有車輛工廠的展示區，能看到火車機械的模型，也能讓對火車有興趣的人有更深入了解。

如果你想要重溫在火車上吃便當的情懷，在日本食堂後方室外區的駅弁屋有販賣鐵路便當，從每天早上 11 點開始營業直到販賣完畢為止。其中，懷舊蒸氣火車造型便當非常搶手。買到便當後，能直接到旁邊的火車列車上品嚐。

緊接著就是能免費體驗的友好列車（ミニシャトル），每小時都有固定體驗班次，從博物館中央站到博物館北站兩個站間往返行

駛，請直接至現場排隊搭乘。到了博物館北站就能下車參觀鐵道博物館圖書室，裡面蒐羅十分豐富的童書，都是跟火車有關的喔！

不過，特別提醒大家，在入場後左手邊的公園區，有個非常搶手的迷你運轉列車（ミニ運転列車），在這裡可以體驗自行開各式火車車輛在戶外區繞行，非常搶手，建議來此先到櫃台抽號碼牌，晚到就沒機會了！

Tips

在 JR 大宮站裡面的賣場有一間駅弁屋，雖然不是鐵道博物館隸屬的駅弁屋，但裡面還是能買到很漂亮的造型火車便當喔！

從 2 樓中央樓梯上去後，電梯的右手邊有一間兒童遊戲室（キッズスペース），能讓 0~3 歲的小孩入內遊玩，裡面有滿多玩具跟安全的空間讓小小孩探索，哺乳室尿布檯就在兒童遊戲室旁。

再往右手邊走，有一間很值得參觀的鐵道立體模型室（模型鉄道ジオラマ），裡面展示了占地 200 平方公尺的鐵道立體模型，裡面的模型鐵道真的會運行，每天的 11：00、13：00、15：10、17：00 都會有特別展示，請務必抽空來欣賞！

再往右手邊走去，在中空的 2 樓展覽室旁，設有鐵道發展史年表，2 樓平台也很適合俯瞰 1 樓的歷史展示區，尤其在進行轉車秀時，這裡也是熱門的觀賞區域。2 樓的左手邊還有特別展區、紀念品賣場跟駕駛員體驗教室（需團體預約）。

3 樓包括鐵道動力展示區（ラーニングホール）、新幹線觀覽台（ビューデッキ）跟戶外屋頂展望台（パノラマデッキ），可以很近距離的看到經過鐵道博物館附近的新幹線喔！

⑪ 提供小小孩的兒童遊戲室　⑫ 在 3 樓可看到新幹線奔馳而過　⑬ 讓孩子開心不已的鐵道立體模型室　⑭ 2 樓的歷史展示區　⑮ 紀念品區

🔍 大宮鐵道博物館

地址　　〒 330-0852 埼玉県さいたま市大宮区大成町 3 丁目 47 番
電話　　048-651-0088
營業時間　10：00 ～ 17：00（入館直到 16：30 為止）
休館日　每週二、年末 12/29 ～ 1/1。暑假七、八月期間無休館，
　　　　　請至官網查詢

官網　　　　　地圖

哺乳室　尿布檯　幼兒遊戲室　嬰兒車租借　餐廳　停車場

10:00-17:00　每週二、12/29-1/1休

年齡　　　0 歲～成人
遊樂時間　半天～一天
嬰兒車　　可租借、可推進去（除特定展場需放在入口處）
入場費　　可以現金付或用 Suica 卡刷（當日票票價）

　　　大人 1330 日幣

　　　國、高中生 620 日幣

　　　小孩（3 歲以上）310 日幣

　　　3 歲以下免費

　　　※ 預約票價會比當日購買便宜。

🚇 交通指南

從東京車站或上野站搭乘 JR 上野東京線或 JR 京浜東北線，
或 JR 高崎線到大宮站下車，換搭埼玉新都市交通伊奈線
「New Shuttle」（ニューシャトル）到鉄道博物館（大成）
站下車，步行 1 分鐘就可到達。

渋谷、新宿、池袋等地出發可搭 JR 湘南新宿ライン或 JR
埼京線到大宮站下車，換搭埼玉新都市交通伊奈線「New
Shuttle」（ニューシャトル）到鉄道博物館（大成）站下
車，步行 1 分鐘就可到達。

大宮車站內部圖
（有電梯或手扶梯）

地下鐵博物館

地下鉄博物館ちかてつはくぶつかん

 雨天ok! 私房景點

 鄰近景點　📍 葛西臨海水族園、葛西臨海公園

到了東京經常需要搭乘東京地鐵，又怎麼能錯過地下鐵博物館呢？這裡是由財團法人東京文化財團所經營的地鐵博物館，雖然面積沒有鐵道博物館這麼大，但是在這間小而美的博物館裡，蒐羅許多跟東京地鐵有關的歷史文物、車輛等。這裡是東京居民常常帶小孩來玩耍的地方，也是東京小學生、幼稚園常會來此進行校外教學的好去處。

地下鐵博物館於 1986 年開館營運，東京地鐵不僅是亞洲最古老的地鐵，在館內的鎮館之寶也是最古老的車輛地下鐵銀座線 1001 號，跟稍微後期的丸之內線一號車（300 形）301 號。這兩輛古董地下鐵車輛，也開放讓民眾參觀內部，可以好好體驗復古車廂的感覺喔！

「地下鐵之父」早川德次先生於英國考察後設立「東京地下鐵道株式會社」，首先於 1920 年開始規劃淺草到新橋間的地鐵線路，但後來因為發生關東大地震，於是改變路線，在 1927 年首先開通銀座線於淺草和上野站之間 2.2 公里的線路，當時設於上野站的自動檢票口，目前也保存在地下鐵博物館裡。

除了富有歷史意義的車廂之外，地下鐵博物館裡也展示地下鐵開通挖鑿的工法、如何用電力讓地下鐵運轉的祕密、地下鐵的集電解說等。當然也有可愛的迷你地下鐵模型運轉展示時間，每到運轉時間就會吸引許多人觀賞。一天共有 11：00、13：00、14：00、15：30 等四場表演。

這裡比較適合會走路的孩童來探索，裡面詳盡的解說，對地下鐵有興趣的人來說，為豐富的寶藏。就算搞不清狀況的孩童，看不懂日文，但能看到許多很酷的地鐵車廂與機械，孩子還是會很開心喔！

❶ 位於葛西區的地下鐵博物館 ❷ 小而美的地下鐵博物館 ❸ 上野自動檢票口 ❹ 連地鐵建築工法都很仔細展示 ❺ 定時運轉的迷你地下鐵模型 ❻ 也有相關紀念品可供選購

🔍 地下鐵博物館

地址　　〒 134-0084 東京都江戶川区東葛西六丁目 3 番 1 号
電話　　003-3878-5011
營業時間　10：00 ～ 17：00（入館直到 16：30 為止）
休館日　　每週一、年末 12/30 ～ 1/3。暑假八月第一、二週無休館

官網　　　　　地圖

哺乳室　尿布檯　嬰兒車放置場　無幼兒遊戲室　停車場　10:00-17:00　每週一、12/30-1/3休

年齡　　　1.5 歲～成人（比較適合會走路的孩子探索），嬰兒也能
　　　　　進去喔！
遊樂時間　2.5 小時左右
嬰兒車　　可租借、可推進去
飲食　　　無，可帶進去
入場費
　　　　　大人（高中生以上）220 日幣
　　　　　4 歲以上～國中生 100 日幣
　　　　　4 歲以下免費

🚇 交通指南

搭乘東京地鐵東西線至葛西站下，位於葛西站高架橋下。

葛西車站內部圖
（月台往中央出口有電梯，但從中央出
口出站有一小段樓梯）

京王鐵道樂園
京王れーるランド

雨天ok! 私房景點

 鄰近景點　★三麗鷗彩虹樂園　◎東京多摩動物公園

　　京王鐵道樂園是由京王電鐵經營，位於東京近郊日野市。雖然從新宿過來需要花一段時間搭車，但多摩附近有三麗鷗彩虹樂園，京王鐵道樂園對面也有多摩動物公園，可以安排在一起遊玩，三個地方加起來玩上一整天也沒問題。這座鐵道樂園觀光客較少，多半是東京人會來此參觀，因此玩起來不會人擠人。裡面規劃小巧溫馨，也能消磨不少時間。

　　園區總共分1、2樓的主建築及戶外展示區。先到主建築物1樓購票、放置嬰兒車入場（嬰兒車不能推進去）。1樓主要是京王電鐵跟巴士相關展示，也有車長體驗、模型火車運轉等區域。1樓區域空間寬敞，可以讓孩子盡情探索，除了有巴士跟電車能讓孩子進出上下，也設有電車機械構造解釋，比較大的孩子能試穿列車長服裝，體驗當列車長的感覺。

　　2樓則全數規劃成兒童遊戲區，可以讓小孩在這邊放放風。2樓的遊戲區有一片球池溜滑梯，還有另一區玩具軌道小火車的區域，能讓酷愛電車的小孩在此玩得不亦樂乎。2樓另外設有休息區可以飲食，館內沒有餐廳，只有自動販賣機，如果需要在這邊吃中餐，建議可以帶一些輕食來此食用。建議先到對面的東京多摩動物公園遊玩吃完中餐後，再來這邊遊玩，就能省去準備餐點的功夫囉。

　　戶外展示區也是必去的重點之一，這裡停放了京王線、井之頭線的車廂，另外還有一列很有趣的9000系迷你小火車，可沿著戶外展示區繞一圈，一趟100日幣，滿好玩的喔！也會有車掌、信號燈、平交道等，記得務必帶孩子去體驗一下。

❶ 位於多摩地區的京王鐵道樂園　❷ 開放的1樓空間，有六個體驗區　❸ 2樓遊戲區設有球池　❹ 有一區專門提供給小小火車迷，小巧又豐富的遊戲區　❺ 戶外展示三輛古董火車　❻ 這邊可以付費坐小火車

🔍 京王鐵道樂園

地址　　〒 191-0042 東京都日野市程久保 3-36-39
電話　　042-593-3526
營業時間　9：30 ～ 17：30（入館直到 17：00 為止）
休館日　每週三、年末元旦休館

官網　　　地圖

哺乳室　尿布檯　幼兒遊戲室　嬰兒車放置場　遊戲區禁止飲食　停車場　09:30-17:30　每週三、年末元旦休

年齡　　1.5 歲～成人（比較適合會走路的孩子探索）
　　　　嬰兒也能進去，請帶揹巾
遊樂時間　2.5 小時左右
嬰兒車　不可推進去，有嬰兒車放置場
飲食　　無，館內遊戲區禁止飲食，2 樓有休息區可飲食
入場費　3 歲以上 310 日幣
　　　　3 歲以下免費

🚃 交通指南

無論從東京何處出發，都要在新宿換搭京王線至多摩センタ站或高幡不動站，再換搭多摩單軌列車（多摩モノレール），到多摩動物公園駅下車。約為 30 ～ 40 分鐘車程。

京王多摩センタ
車站（有電梯）

135

東武博物館
とうぶはくぶつかん

雨天ok!　私房景點

鄰近景點　♥ 東京晴空塔　★ 淺草寺與仲見世通

　　東武博物館，為紀念東武鐵道創立 90 年所設立的鐵道博物館，於 1989 年開館。除了保存東武鐵道的車輛及火車頭外，在館內也能看到一些珍貴的古董蒸汽火車頭。

　　東武博物館分兩層樓，主要展區在 1 樓。它是中型鐵道博物館，蒐羅不少古董蒸汽火車頭跟東武鐵道舊式火車頭，例如一進門就能看到美麗的 5 號蒸汽火車頭跟デハ 1 形 5 號電車，再往裡面走進去，則有許多供參觀者操作的模擬駕駛座。

❶ 東武博物館戶外展示 5700 系列 5701 號電車　❷ 跟晴空塔息息相關的東武鐵道　❸ 館內展示歷史悠久的列車　❹ 5 號蒸氣火車

⑤ 5 號蒸汽火車展示時讓孩子
著迷 ⑥ 每天有四場定時展示
⑦⑧ 鐵道模型展示區有定期展
演 ⑨ ED5015 號電動火車 ⑩
也能實際操作開火車

5　6

1 樓最裡面也有一間鐵道模型展示區，每天共有五場動態展示時間，為 10:30、11:25、13:15、14:15、15:30。

2 樓設有休息區，可以在此飲食。另外，從 2 樓還能觀察到東向島站月台下方狀況，更有東武鐵道歷史區展覽。

1 樓展示區的 5 號蒸汽火車頭定時會有運轉展示，在每天都會定時運轉喔！（時間依現場看板而定）在蒸汽火車運轉時非常有氣勢，還會有蒸汽火車拉汽笛的聲音，對孩子來說會是很特別的體驗呢！

7

8

9

10

東武博物館

地址　〒 131-0032 東京都墨田区東向島 4-28-16
電話　03-3614-8811
營業時間　10：00 ～ 16：30（入館直到 16：00 為止）
休館日　每週一、年末元旦 12/29 ～ 1/3 休館

官網　　　　　地圖

 哺乳室　 尿布檯　 嬰兒車放置場　 展區禁止飲食　 停車場　 10:00-16:30　每週一、12/29-1/3休

年齡　1.5 歲～成人（比較適合會走路的孩子探索），嬰兒也能進去，需要揹巾

遊樂時間　2.5 小時左右

嬰兒車　不可推進去，有嬰兒車放置場

飲食　無，展區禁止飲食，2 樓有休息區可飲食

入場費

大人 （高中生以上）	小孩 （4 歲以上～國中生）	4 歲以下
200 日幣	100 日幣	免費

東武博物館門票

交通指南

從淺草搭乘東武伊勢崎線（又名東武晴空塔線「東武スカイツリーライン」）至東向島站下車（請記得搭普通、區間準急、區間急行三種車才會停東向島站）。若從押上搭車，一定要先搭到曳舟站換乘區間急行、區間準急、普通車才能到達東向島站。

東向島車站內部圖

（有電梯）

東向島站下車很快就到博物館

橫濱日產汽車展示中心 Nissan Gallery

日産グローバル本社ギャラリー

雨天ok! 私房景點

 鄰近景點　橫濱附近景點都可以排進去，如：橫濱 Cosmo World、橫濱紅磚倉庫、港未來 21 等附近景點
★ 麵包超人博物館　★ 橫濱杯麵博物館　◉ 三菱未來技術館

　　日本的國產車品牌大部分都有設置自己的大型展示中心，日產汽車（Nissan）的總部在橫濱，於是在橫濱的日產汽車展示中心也是最大型的。日產汽車另外也在銀座開設了 Ginza Place（地址：東京都中央區銀座 5-8-1，東京地鐵銀座線銀座站 A4 出口）。

　　在名古屋也有 TOYOTA 豐田產業技術紀念館、廣島有 Mazda 博物館、東京的港區有三菱展示中心，都是提供大小車迷前去賞車的好去處。

1 位於橫濱的日產汽車總部　**3** 新車展示區的車輛都能試坐

　　雖然這種大型汽車展示中心感覺好像是特別為大人規劃，但其實不然，裡面的所有汽車幾乎都可以試乘（除了古董車之外），通常也會規劃出歷史區、兒童遊戲區等，孩子坐在新穎的車子裡假裝開著車，也非常開心呢！

　　在兒童區裡特別規劃出童書區，也有一區特別適合比較小的孩子玩耍。另外裡面也進駐了星巴克，椅子特別有未來感！

　　日產汽車展示中心占地非常廣大，裡面除了最新的車子之外，也提供概念車讓民眾試乘，來到這種景點不僅小孩開心，就連爸爸也會很開心喔！

❹ 模型車區　❺ 兒童遊戲區　❻ 兒童閱讀角落
❼ 賽車體驗區　❽ 裡面的星巴克很有設計感

🔍 橫濱日產汽車展示中心 Nissan Gallery

地址　〒 220-8686 神奈川県横浜市西区高島一丁目 1 番 1 号
電話　045-523-5555
營業時間　10：00 ～ 20：00
休館日　不定時休館，請至官網查詢

官網　　　　　地圖

尿布檯　幼兒遊戲室　嬰兒車可進入　展區禁止飲食　停車場　10:00-20:00　不定時休館

年齡　　0 歲～成人（比較適合會走路的孩子探索）
遊樂時間　2 小時左右
入場費　　免費

🚃 交通指南

搭乘 JR 京急線至横浜站從中央通路的東口，沿著天橋はまみらいウォーク直走 7 分鐘可到達。或是搭乘港未來線（みなとみらい線）到新高島站下車，3 號出口走路 5 分鐘可到達。

 港未來線新高島站
車站內部圖
（2 號出口較近）

四谷消防博物館

東京消防庁消防博物館

雨天ok! 私房景點

 鄰近景點　★東京玩具美術館　★❀新宿御苑　♀❀明治神宮　新宿周邊景點

　這間位於東京市中心四谷的消防博物館，算是小型的博物館，其中結合了消防車展示區、歷史區、圖書資料區、體驗變裝消防隊員等。因為展區不大，不用花太多時間就能逛完，建議可以到玩具美術館時順便來逛。

　平時展示區的消防車不能登上去，只有在特別的消防自動車乘車攝影會才能登車拍照，一個月有一次，可以到官網查詢時間。

❶❷ 位於新宿附近的四谷消防博物館　❸ 對喜歡消防車小孩來說，來此很有吸引力　❹ 展示古董消防車　❺ 入館免費　❻ 樓上也有文物展示區

另外提醒，如果有推嬰兒車的參觀者，若孩童不坐嬰兒車，也要將嬰兒車自行保管好喔，不能留在場內角落，這邊特別明文禁止。

每月一次舉辦登消防車活動

🔍 四谷消防博物館

地址	〒160-0004 東京都新宿区四谷 3 丁目 10 番
電話	03-3353-9119
營業時間	9：30 ～ 17：00
休館日	每週一、年末 12/28~1/4 休館

官網　　　　　地圖

年齡	0 歲～成人（比較適合會走路的孩子探索）
遊樂時間	1 小時左右
飲食	展區禁止飲食，10 樓休息區可飲食，但請自行將垃圾帶走
入場費	免費

🚃 交通指南

東京地鐵丸之內線至四谷三丁目站，從 2 號出口可以直接到達。（搭乘往荻窪方向的列車，會停在出口沒有電梯 / 手扶梯的月台，要有爬樓梯的心理準備，往池袋方向的月台才會直通到有電梯的 2 號出口）

四谷三丁目車站內部圖
（2 號出口有電梯）

都電荒川線路面地鐵　荒川遊園地、荒川車庫

あらかわ遊園、都電おもいで広場

荒川遊園地前
荒川車庫前
榮町
小台
宮之前
東尾久三丁目
飛鳥山
王子站前
梶原
熊野前
町屋二丁目
瀧野川一丁目
西原四丁目
荒川七丁目
町屋站前
新庚申塚
巢鴨新田
庚申塚
荒川區役所前
荒川一中前
荒川二丁目
大塚站前
三之輪橋
向原
東池袋四丁目
都電雜司谷
鬼子母神前
學習院下
面影橋
早稻田

都電荒川線路線圖

都電荒川線

　都電荒川線為日本東京都電車現今唯一營運的路線，從東京都荒川區的三之輪橋開始，開往新宿區的早稻田，總共有 30 個車站。它是歷史悠久的路上電車路線，同時也是許多鐵道迷的必搭路線。搭乘都電荒川線能感受到東京下町懷舊風情，單個車廂電車緩慢地行駛在路面上，也形成繁華東京市區一抹懷舊風景。這種懷舊又緩慢的路面電車，也會讓喜歡車子的小孩開心不已呢！

　在荒川線沿線有兩個適合帶孩子造訪的地方，一個是假日才開放的荒川車庫，另一個是孩子的遊樂場所「荒川遊園地」。如果想帶孩子進行荒川線之旅，可以特別挑假日造訪，才能兩個地點都一網打盡喔！

都電荒川線票價	
大人	單程 170 日幣 一日券 400 日幣
小孩（6～11 歲）	單程 90 日幣 一日券 200 日幣
0～5 歲	免費

❶ 都電荒川線，東京碩果僅存的路面電車 ❷ 具有懷舊復古風 ❸ 荒川線電車速度不快

旋轉木馬

咖啡杯

遊樂設施也是走懷舊風

荒川遊園地

荒川遊園地為東京都 23 區唯一一間公營的遊園地，價格非常實惠，入場費大人只要 200 日幣，裡面的設施需要另外購買搭乘券。每種設施搭配的搭乘券張數不同，但價格都很實惠，所以這裡也是東京爸媽親子出遊的熱門景點，每逢週末假日能看到許多爸媽帶孩子前來遊玩。

荒川遊園地雖然占地不廣，某些遊樂設施有年齡限制，但大部分都適合小小孩遊玩，有旋轉木馬、咖啡杯、小火車、碰碰車、摩天輪等等遊樂設施。另外，假日還可以騎小馬，看兔子跟羊群。裡面也有一個下町都電迷你資料館，有一些都電的歷史文物及電車模型，是小而美的遊樂區。

 荒川遊園地

地址	〒 116-0011 荒川区西尾久六丁目 35 番 11 号
電話	03-3893-6003
營業時間	9：00 ～ 16：30 （暑假、週日延長至 18：00）
休館日	一般為週二休園

官網　

地圖　

 09:00-16:30　 週二休園

入場費

	入場費
大人	800 日幣
中學生	400 日幣
小學生	200 日幣
65 歲以上	400 日幣
小學生以下	免費
搭乘券 / 單次	100 日幣

④ 小小的都電懷舊廣場 ⑤ 5501號車 ⑥ 暱稱學園號的舊 7500形 ⑦ 兩輛電車都很有復古風

荒川車庫

　　荒川車庫是正在行駛中的都電荒川線停放場所，另外還設有一個小型露天博物館，停放了兩輛古董都電電車，一輛為 5500 形（5501 號車），另一輛為舊 7500 形（7504 號車）。裡面也有展示都電電車的相關歷史文物，這裡假日才開放，如果特地來搭荒川線，請盡量在荒川車庫有開放的時間來參觀喔！

 🔍 荒川車庫

🕙 週末假日 10:00-16:00	地址	〒 116-0011 東京都荒川区西尾久 8-33-7
	電話	03-3893-7451
📅 12/29-1/3 休息	營業時間	僅開放週末假日 10：00 ～ 16：00
	休館日	年底 12/29 ～ 1/3 休息
	入場費	免費

官網

地圖

🚃 交通指南

搭乘都電荒川線至荒川車庫前站下車

戶外親子探索之旅

東京 23 區內有將近 50 座公園，特別挑選出交通方便又適合親子同樂的公園，讓爸媽能在室內行程中，也能安排一些戶外貼近大自然的旅遊行程。

上野恩賜公園

   戶外景點　熱門景點　賞櫻景點　賞楓景點

🚇 鄰近景點　★ 淺草寺與仲見世通、阿美橫町　◎東京大學　◎國際兒童圖書館

如果帶孩子來東京只能去一個戶外公園景點，很推薦帶孩子來上野恩賜公園。這座公園裡有非常豐富的設施、大人小孩都愛的上野動物園、適合小孩的國立科學博物館、小孩也能享受書香的國際兒童圖書館等，除此之外還有很多廣大空間能供孩子奔跑。在不忍池畔可以散步，也能在不忍池划船。上野恩賜公園中央有一座「兒童遊園地」（遊樂設施需付費），另外，在公園也有免費的遊樂設施。其實上野恩賜公園能遊玩跟參觀的部分很多，仔細玩可以待上一整天，通常建議排上至少 3 個小時遊玩。

❶ 上野恩賜公園是賞櫻熱門景點 ❷ 上野公園不忍池可以划船 ❸ 公園裡的兒童遊園地

通常帶孩子來上野恩賜公園的首選會去上野動物園，寓教於樂的景點首推國立科學博物館，其他還有許多很棒的博物館，例如東京國立博物館、國立西洋美術館、東京都美術館等，但這些博物館都需要安靜參觀，請自行斟酌孩子是否可以配合參觀再造訪喔！

另外，上野恩賜公園也是日本人首選的賞櫻跟賞楓景點，這裡在賞櫻季節會有很多日本人一早就來幫公司占位，櫻花盛開時分更是人潮洶湧。在賞楓時節也是楓紅片片，將公園妝點得美不勝收。來此請務必要勤勞點走到不忍池畔散步，這裡也是賞櫻、賞楓必去的景點，水岸池畔的湖光美景，更賞心悅目！

❹ 國立科學博物館有豐富展覽 ❺ 國立西洋美術館 ❻ 櫻花時節上野恩賜公園人潮擁擠 ❼ 上野東照宮 ❽ 在不忍池畔休憩放空

上野恩賜公園因為是日本第一座公園，於 1876 年正式開園。原先屬於日本皇室，後來由日本天皇贈與東京市，做為市民的公園，所以在這座歷史悠久的公園裡，也有很多歷史古蹟喔！例如上野東照宮、舊寬永寺五重塔、不忍弁天堂、西鄉隆盛銅像、野口英世像等。在逛上野恩賜公園時，也可以特別留意這些有意義的銅像跟廟宇喔！

🔍 上野恩賜公園

官網　　　　地圖

地址	〒110-0007 東京都上野公園・池之端三丁目
電話	03-38285644
開放時間	平日5：00～23：00，主要博物館、設施各開放時間不同
休館日	博物館通常為週一休息

 哺乳室　 尿布檯　 兒童遊戲室　 餐廳　 停車場　 05:00-23:00　 博物館每週一休

公園內的星巴克

年齡	1.5歲～成人（比較適合會走路的孩子探索），嬰兒也能進去喔！
遊樂時間	3小時左右
嬰兒車	可推進去
入場費	進入公園免費，其餘博物館需費用

上野動物園

- 大人（高中以上）600日幣
- 國中生以上200日幣（東京都內國中生免費）
- 敬老票300日幣
- 小孩（國中生以下）免費

公園內免費兒童遊樂區

東京國立科學博物館	國立西洋美術館
• 常設展大學生以上（含大學生）630日幣	• 成人500日幣
	• 大學生250日幣
• 小孩（至高中生）免費	• 小孩（至高中生）免費

🚃 交通指南

JR上野站下車（公園口出口）步行1分鐘
京成電鐵京成上野站下車步行7分鐘
東京地鐵銀座線、日比谷線上野站下車步行8分鐘

JR上野站車站內部圖
（出入有電梯）

東京地鐵上野站內部圖
（出入有電梯）

Tips

公園的戶外景點較多，雨天要備好雨具再去！出發前可查詢日本氣象廳網站或 tenki.jp app 先預查氣象狀況喔（日本旅行實用APP請見第81頁）

新宿御苑

戶外景點　熱門景點　賞櫻景點　賞楓景點

 鄰近景點　★ 東京玩具美術館　◎ 四谷消防博物館　★◎ 明治神宮及新宿、原宿、表參道

　　新宿御苑顧名思義就是隸屬於皇室的庭院；它早期的確隸屬於皇室，占地 58 公頃之廣，後為日本環境省管轄，為國家級的庭院。新宿御苑因為曾經為皇室庭院，所以在整體規劃與植物種植也計畫得非常細膩，其中分為日本庭園、英國庭院、法國式庭院跟母子森林，裡面也有個大溫室可以參觀（開放時間：9:30~16:00），一年四季都有許多美麗的花朵可以欣賞。當然這裡也是賞櫻、賞楓的重要景點之一。

❶ 東京中心區域的城市庭園　❷ 新宿御苑占地廣大　❸ 在賞櫻時節總吸引滿滿人潮

　　來新宿御苑賞櫻跟上野恩賜公園的氣氛大不相同，因為新宿御苑由國家管理，所以入場前會先檢查包包是否有攜帶酒精類飲料或危險物品，在安全的管制上比較嚴謹。同時也需要收門票，開園時間也有限制，跟上野恩賜公園的庶民隨性感完全不同。

進入新宿御苑需經過安檢與購票

櫻花時節可以買櫻花便當
來櫻花樹下賞櫻

不過，非常推薦來新宿御苑走一走，在新宿這麼繁忙的地區，能有大片的綠地、規劃細緻又美觀的庭院實屬難得，遇到賞櫻或賞楓季節當然更要來這邊朝聖。許多日本人也會在賞櫻時節帶著野餐墊，買賞櫻便當來這邊享用。當然對於孩子來說，也有很多適合奔跑、親近大自然的地方。

🔍 新宿御苑

		官網	地圖
地址	〒 160-0014 東京都新宿区内藤町 11 番地		
電話	03-3350-0151		
開放時間	平日 9：00 ～ 16：30		
休館日	週一休息，年底 12/29~1/3 休息		

 哺乳室　 尿布檯　 餐廳　 停車場　 09:00-16:30　每週一 12/29-1/3休

年齡	0 歲～成人
遊樂時間	3 小時左右
嬰兒車	可推進去
入場費	

日本購票

- 大人（15 歲以上）500 日幣
- 高中生 250 日幣
- 國中生以下免費

櫻花之美，孩子也會喜歡

🚃 交通指南

搭 JR、京王小田急線至新宿站南口下車，走路 10 分鐘
東京地鐵副都心線至新宿三丁目站 E-5 出口，走路 5 分鐘
東京地鐵丸の內線至新宿御苑前站出口 1，走路 5 分鐘
都營新宿線至新宿三丁目站 C1/C5C 出口，走路 5 分鐘

地鐵新宿三丁目車站
內部圖（出入有電梯）

📍 延伸景點

免費看東京全景　新宿東京都廳展望台

2

3

4

5

　　想帶孩子來看東京的美景，又不需額外付費的景點，就屬於位於新宿的東京都廳展望台了。位於新宿西口的東京都廳，在第一本廳第 45 樓設有展望台，高度為 202 公尺，開放時間很長，從早上 9：30 到晚上 10：30 都能免費入場（開到晚上 11 點）。從這邊可以 365 度觀賞東京美景，南邊的台場、東邊的東京鐵塔、東北邊的晴空塔；如果天氣晴朗，西邊還能看到富士山。在展望台裡也有博品館的賣場跟餐廳，也可以來這邊悠閒的喝杯咖啡喔！

❶ 在東京市中心免費欣賞美景景點

❷ 新宿都廳展望台吸引不少遊客到來

❸ 到新宿都廳 45 樓看東京美景

❹ 東京博品館在此也有分店

❺ 東京都廳

地址　　　〒 160-0023 東京都新宿區西新宿 2-8-1
　　　　　東京都廳第一本廳舍

電話　　　03-5320-7890

開放時間　南展望室 9:30 ～ 17:30（每月第一、三週的星期二休館）
　　　　　北展望室 9:30 ～ 22:00（北展望室目前休館，請見最新公告）

休館日　　年底時 12/29-31、1/2-3 休館

票價　　　免費參觀

官網

地圖

🚇 交通指南

JR 新宿站下車往西口，走路 10 分鐘。或搭乘都營大江線到都廳前站下車。
（最近方式，A3、A4 出口有連通道直達東京都廳，A4 出口有電梯）

芝公園與東京鐵塔
東京タワー

雨天ok!　熱門景點　賞櫻景點　賞楓景點

 鄰近景點　◎品川水族館　◎Maxell Aqua Park 品川水族館　近品川、台場、築地，可安排台場半日遊

　　東京鐵塔是東京的地標塔，說到東京，就一定會想到東京鐵塔。雖然近年來被更高聳的晴空塔搶走風采，但東京鐵塔做為東京象徵的意義依舊屹立不搖。東京鐵塔主要的功用為電波塔，原先以巴黎艾菲爾鐵塔為範本建造，高 333 公尺。

　　在東京鐵塔裡也有許多設施，除了 150 公尺高的大展望台之外，並將原先 250 公尺高的特別展望台重新整修，推出如鑽石般閃亮的 TOP DECK 展望台，而要參觀 TOP DECK

展望台可是得先到官網預約才能入場喔！裡面還有東京鐵塔水族館跟東京鐵塔 Onepiece Tower 等遊樂設施。這兩個遊樂設施都要另外購票，如果東京鐵塔跟這兩個遊樂設施一起遊玩，應該能花掉一整天的時間！

　　在東京鐵塔前有一片面積不大的芝公園，裡面也有少量的櫻花跟楓葉可以欣賞，公園裡有一座增上寺，在年底時許多人都會來這邊跨年參拜跟倒數，非常的熱鬧喔！

❶ 東京地標：東京鐵塔　❷❸ 大展望台
❹ 東京鐵塔水族館歷史悠久

芝公園與東京鐵塔

官網　　　地圖

地址	〒 105-0011 東京都港区芝公園 4-2-8
電話	03-3433-5111
開放時間	平日 9：00 ～ 22：30（最後入場 22：00）
休館日	無

哺乳室　尿布檯　餐廳　停車場　9:00-22:30　無休

年齡	0 歲～成人
遊覽時間	3 小時左右
娃娃車	可推進去
入場費	進入芝公園免費，東京鐵塔另需費用

	大展望台（150m）	TOP DECK（250m） （續約票價，現場購票較貴）
大人（高中生以上）	1200 日幣	2800 日幣
高中生	1000 日幣	2600 日幣
小學生、國中生	700 日幣	1800 日幣
4 歲以上小孩	500 日幣	1200 日幣
4 歲以下	免費	

🚃 交通指南

都營大江戶線至赤羽橋站（赤羽橋出口只有手扶梯，中之橋口有電梯），步行 5 分鐘

東京地鐵日比谷線至神谷町站 （1 號出口最近，A4 出口有電梯），步行 7 分鐘

都營三田線至御成門站（A1 號出口最近，A6 出口電梯），步行 6 分鐘

都營淺草線至大門站（A6 號出口最近，B4 出口有電梯），步行 10 分鐘

東京晴空塔與隅田公園
東京スカイツリー

雨天ok! 熱門景點 賞櫻景點 賞楓景點

 鄰近景點　◉ 晴空塔墨田水族館　◉ 晴空塔郵政博物館　★ 淺草寺與仲見世通　◉ 東武博物館
錦系町阿卡將

　　東京晴空塔又名天空樹，是在 2012 年啟用的全新電波塔。它的高度為 634 公尺，為世界第一高塔（2018 年紀錄），想到東京制高處觀賞東京全景，東京晴空塔絕對是遊客的首選之地。

晴空塔的代表吉祥物ソラカラちゃん (SORAKARA)

　　東京晴空塔是一座大型複合式觀覽台、商場、美食街、購物商場。其中，還有一座晴空塔墨田水族館（5 樓、6 樓）以及晴空塔郵政博物館（9 樓）等地，仔細逛下來，一整天都還不夠。

　　東京晴空塔展望台的入口在 4 樓，出口在 5 樓，其中的重點就是它美侖美奐的電梯、至高無上的美景，還可以在晴空塔展望台的咖啡廳品嚐晴空塔限定的可愛冰淇淋。如果預算比較高，也能在 Sky 餐廳裡享受無敵美景餐點。

　　隅田公園離東京晴空塔不遠，若剛好是賞櫻季節，建議可以從淺草站經過吾妻橋一路散步過去，除了欣賞盛開的櫻花之外，也能感受到濃濃的下町庶民風情。在夏天時分，隅田川沿岸的「隅田川花火大會」，通常在每年七月最後一個週六晚上舉行，總共有兩萬發煙火打上天空，非常壯觀，這邊也是東京人看煙火的熱門景點。

❶ 目前東京晴空塔的人氣已經超過東京鐵塔 ❷ 從隅田公園可眺望晴空塔 ❸ 晴空塔裡無論購物或美食都琳瑯滿目 ❹ 許多人來此眺望遠景 ❺ 隅田公園也是熱門賞櫻勝地

東京晴空塔與隅田公園

地址	〒 131-8634 東京都墨田区押上 1-1-2
電話	0570-55-0634
開放時間	晴空塔展望台 平日 10：00 ～ 21：00 （最後入場 20:00）
休館日	無

晴空塔官網　　晴空塔地圖

哺乳室　尿布檯　嬰兒車可租借　餐廳　停車場　10:00-21:00　5無休

年齡	0 歲～成人
遊樂時間	半天～一天左右
嬰兒車	可租借、可推進去
免稅	許多店舖都是免稅，請洽各店舖
入場費	進入隅田公園免費，晴空塔及設施需費用 ※ 以下列出晴空塔展望台門票費用（分事先預約 / 現場買票）

	展望台＋天望迴廊套票	天望迴廊（450m）
	現場購票	
大人（18 歲以上）	3100 日幣	1800 日幣
國中、高中生（12~17 歲）	2350 日幣	1400 日幣
小學生（6～11 歲）	1450 日幣	850 日幣
6 歲以下		

晴空塔裡有許多免稅商店

晴空塔入場券

※ 預約購票比較便宜，比現場購票價格便宜約二成，假日票價比平日貴。
在日本的 7-11 便利商店裡也能買到事先預約入場券。

🚃 交通指南

晴空塔
從上野站或淺草站出發，在淺草站轉搭東武晴空塔線，至東京晴空塔站
（とうきょうスカイツリー）下車，站內直通晴空塔

搭東京地鐵半藏門線、都營淺草線至押上站下車（從站內就有連通道直
達晴空塔）

隅田公園地圖

隅田公園
地鐵搭到淺草站或都營淺草線至本所吾妻橋站，走過去比較近

井之頭恩賜公園
與井之頭自然文化園

戶外景點　人氣景點　賞櫻景點　賞楓景點

鄰近景點　♥三鷹吉卜力美術館　吉祥寺附近

　　吉祥寺站附近為東京票選最佳居住地，一個很重要的原因為鄰近井之頭恩賜公園。井之頭恩賜公園的中心以井之頭池為主，當初是引水道以提供江戶人民飲水之用。這裡原先也是日本皇室的御用園林，後來贈與東京市使用，於 1917 年開放使用。2017 年是井之頭恩賜公園 100 週年紀念，這座市民公園也邁入百年之久，在吉祥寺該區更有分量。

　　如果想前往三鷹吉卜力美術館，建議在去程或回程時經過井之頭恩賜公園慢慢散步，走到吉祥寺街區逛街、買買東西再搭車回去（從吉祥寺走到三鷹吉卜力美術館大約 20 分鐘的路程）。而光是井之頭恩賜公園占地就有 38 公頃，其中大部分為井之頭池，賞櫻季節時邊划著小船邊賞櫻，真的是美景一樁。

　　在公園內的井之頭自然文化園，裡面包括一座水生物園跟動物園，占地不大，但也算是小而美的動物園，這裡也屬於東京動物園協會裡四大動物園之一。公園內另外還有御殿山、西園以及位於西園東南面的第二公園，其中三鷹吉卜力美術館就是位於西園的區域。在三鷹吉卜力美術館附近也有一個小小的兒童遊樂場（在棒球場旁）。如果孩子逛完美術館之後還沒發洩夠精力，可以安排來這邊玩耍。

❶ 受到大人小孩歡迎的井之頭恩賜公園　❷ 井之頭池能夠划船　❸ 很適合親子一起來戶外玩　❹ 井之頭自然文化園

🔍 井之頭恩賜公園與井之頭自然文化園

地址　〒 180-0005 東京都武藏野市御殿山 1-18-31

電話　04-2247-6900

開放時間　皆開放
　　　　井之頭自然文化園 9：30 ～ 17：00（最後入場 16:00）

休館日　公園無休，井之頭自然文化園週一公休，12/29-1/1 休息

官網 　地圖

 尿布檯　 餐廳　 停車場　 自然文化園 09:30-17:00　 公園無休

年齡　0 歲～成人

遊樂時間　2 ～ 3 小時左右

嬰兒車　可推進去

入場費　公園入園免費

　　　　井之頭自然文化園入園費用

	費用
成人	400 日幣
國中生	150 日幣
65 歲以上	200 日幣
國小以下（含國小生）	免費

🚋 交通指南

搭乘 JR 中央線、京王井之頭線至吉祥寺站下車（南口，公園口），步行 5 分鐘

搭乘京王井之頭線至井之頭公園下車，步行 1 分鐘

　吉祥寺車站內部圖
　　　　（出口有電梯、手扶梯）

代代木公園
代々木公園

 戶外景點　 人氣景點　 賞櫻景點　 賞楓景點

鄰近景點　📍🏯 明治神宮　📍 渋谷、原宿、表參道

　　代代木公園於東京 23 區的公園內排名第四，前三名為葛西臨海公園、水元公園與舍人公園，不過，代代木公園的位置最靠近東京市中心。在繁華的渋谷、原宿、表參道附近有這麼一塊約 54 公頃的公園綠地，真的是難能可貴。代代木公園就位在明治神宮公園區內，如果到明治神宮參拜，也可以抽空來代代木公園踏青。

　　代代木公園裡有足球場、田徑場，還有一個可以租借腳踏車的地方，也能借到兒童用的腳踏車。其中，也專門設置一個兒童腳踏車練習場，可供還在學習腳踏車的小朋友練習。腳踏車租借（サイクリング場）位於代代木公園的西北方，於 9:00 ～ 16:30（週一及 12 月 29 日～ 1 月 3 日除外）可租借腳踏車。另外也有少數親子腳踏車，租借需付費。這裡也是著名的東京都內賞櫻、賞楓景點喔！若剛好遇到對的時節，請務必前來觀賞！

❶❷ 鄰近明治神宮、表參道的代代木公園　❸ 秋日來此賞楓　❹ 銀杏的落葉將地面鋪上黃地毯

代代木公園

地址	〒151-0052 東京都渋谷区代々木神園町 2-1
電話	03-3469-6081
開放時間	無休
休館日	無休

官網　　地圖　

 尿布檯　 腳踏車租借　 輕食咖啡廳　 停車場　 無休　無休

年齡	0 歲～成人
遊樂時間	2 小時左右
嬰兒車	可推進去
腳踏車	可租借、有兒童及親子車
入場費	免費

🚋 交通指南

JR 山手線至原宿站下車（出口有電梯、斜坡，可推嬰兒車）

東京地鐵千代田線至代々木公園站（4 號出口有電梯）
或明治神宮前（原宿）站（2 號出口有電梯）下車

東京地鐵副都心線明治神宮前（原宿）站（出口有電梯）

　明治神宮前（原宿）站內部圖
（千代田線 2 號出口有電梯）

明治神宮

 戶外景點　 私房景點　 賞櫻景點　 賞楓景點

 鄰近景點　　◎✿代代木公園　　◎渋谷、原宿、表參道

　　明治神宮是日本重要的寺廟之一，它是為了紀念明治天皇與昭憲皇太后，於 1920 年創建的神社，座落於東京市中心區域，旁邊就是原宿、表參道，也鄰近繁華的渋谷。這裡也是除了皇居之外，占地廣闊的市中心綠地之一。

　　綠意盎然的明治神宮其實是一片人造森林，占地約 70 公頃。建築時，從台灣運來許多樹木打造，就連明治神宮後來整修後重新矗立的大鳥居，也是採用台灣的扁柏建造而成。

❶ 全日本最大的鳥居在明治神宮　❷ 明治神宮綠意盎然
❸ 從原宿站走過去很近　❹ 觀光客最愛的明治神宮

　這裡是日本傳統文化的重鎮之一，也是許多觀光客必到的景點。到達正殿前的碎石路行走不易，如果推嬰兒車更是難行，但明治神宮非常有日本歷史與文化意義，有機會一定要全家一起造訪。

⑤ 要到正殿前有一大段碎石路 ⑥ 日本各地進貢給明治神宮的清酒

🔍 明治神宮

地址	〒151-8557 東京都渋谷区代々木神園町 1-1
電話	03-3379-5511
營業時間	入場時間為上午 9：00 ～ 16：20 分，由神樂殿處入場。明治神宮開放時間每月不同，請見官網
休館日	無休

官網 　地圖

年齡	0 歲～成人
遊樂時間	1.5 小時左右
嬰兒車	可推進去（石子路非常難推）
入場費	免費

繁華的渋谷有著復古的車站外表

🚃 交通指南

從 JR 原宿站步行 1 分鐘

搭乘東京地鐵千代田線、副都心線到明治神宮前〈原宿〉站，步行 1 分鐘

明治神宮前（原宿）站內部圖（千代田線 2 號出口有電梯）

國營昭和記念公園

 戶外景點　 私房景點　 賞櫻景點　 賞楓景點

 鄰近景點　♥三鷹吉卜力美術館　★井之頭恩賜公園　吉祥寺周邊

　　國營昭和記念公園當初是為了紀念昭和天皇在位 50 年建立，占地面積相當廣大，相當於 39 個東京巨蛋的大小，是個得花上至少半天遊玩的大型公園。不過，國營昭和記念公園地點離東京市中心不近，須要從新宿出發，搭乘約 30 分鐘的車程才能到達，中途會經過吉祥寺跟三鷹附近，可以將行程安排在一起，比較節省交通時間。

❶ 位於東京郊區的廣大國營昭和記念公園　❷ 園內綠意盎然　❸ 國營昭和記念公園是大型公園　❹ 夏天時許多人專程帶孩子來泳池游泳

國營昭和記念公園占地廣大，建議來此可以租借自行車，或搭乘遊園小火車。想要走路逛公園也沒問題，這裡很適合讓孩子練練體力跑跳。國營昭和記念公園最大的賣點在於四季都有美麗的花卉可以欣賞，春天有櫻花，夏天有一片很漂亮的向日葵花園，秋天有銀杏林跟楓葉。另外，夏天泳池還會開放，也是東京人喜愛去的游泳池。

如果帶孩子來，請勿錯過園內的兒童森林（こどもの森），這裡是能讓孩子自由跑跳的地方，以森林為主題，設計出許多適合小孩玩耍的戶外遊樂設施。其中，雲之海（雲の海）是白色軟質區域，能讓孩子攀爬跑跳，不怕會受傷，特別規劃給國小以下的孩子玩耍，需要脫鞋才能進入。另外，還有一個太陽金字塔區域（太陽のピラミッド），仿造墨西哥的金字塔形狀，也是讓孩子鍛練身體的好去處。

⑤ 這裡有 39 個東京巨蛋大小　⑥ 夏天的向日葵花田非常漂亮　⑦ 園內有遊園小火車運行　⑧ 在這裡也可以划船

5

6

7

8

🔍 國營昭和記念公園

| 地址 | 〒 190-0014 東京都立川市綠町 3173 |

官網　　地圖

電話　042-528-1751

開放時間

期間	開放時間
3/1 ～ 10/31	9:30 ～ 17:00
11/1 ～ 2 月底	9:30 ～ 16:30
4/1 ～ 9/30 的週末及假日	9:30 ～ 18:00

休館日　公園區域 12/31、1/1 休，園內昭和天皇記念館每週一休館

 哺乳室 尿布檯 腳踏車租借 餐廳 停車場 9:30-17:00 公園區域 12/31、1/1休

園內小火車運行時刻表
請見此（每天都不同）

年齡　0 歲～成人（比較適合會走路的孩子探索）

遊樂時間　半天～一天左右

嬰兒車　可推進去

腳踏車　可租借、有兒童及親子車

入場費　公園區域

	費用
成人（高中生以上）	450 日幣
65 歲以上	210 日幣
高中以下	免費

昭和天皇記念館

	費用
成人	760 日幣
大學、高中生	630 日幣
國中、國小生	免費
國小以下	免費

🚍 交通指南

從新宿搭乘 JR 中央（直通或換車）青梅線到西立川站下車
（有電梯），直通公園入口

皇居外苑親子自行車
パレスサイクリング

 戶外景點　 私房景點

鄰近景點　日比谷公園　東京車站

每週日在皇居前內堀通，從祝田橋到平川門約三公里的路程，特別開放給自行車愛好者騎乘，可以來這邊免費租腳踏車或是騎自己的腳踏車兜風喔！每到週日，就有許多自行車愛好者特別來此騎車，也有很多人會裝備齊全的騎著高級自行車來兜風。

特別推薦這個週日才有的活動，是因為平常可沒有機會在皇居外苑騎乘腳踏車，只有天氣好的週日才有這種特權。這裡的免費租借自行車包括兒童車跟親子腳踏車（目前暫停租借，日後恢復租借相關消息請見官網），想帶孩子一起體驗特別的東京市中心騎腳踏車經驗嗎？如果時間剛好能遇得上，很推薦來這邊親子同樂！

皇居外苑自行車道

平川門
大手門
皇居東御苑
パレスホテル
自行車出借處
坂下門
東京中央郵政局
東京駅
外堀通
二重橋
皇居前警備派出所
皇居正門
二重橋前駅
楠公像
祝田橋
Yurakucho 有樂町
警視庁
日比谷公園

① 每週日限定的皇居腳踏車活動 ② 在皇居外苑裡騎腳踏車，經驗難得 ③ 位置就在二重橋附近 ④⑤ 特別設置給兒童練習腳踏車的區域

腳踏車都是免費租借（目前停止租借）

也有親子腳踏車車型

🔍 皇居外苑親子自行車

腳踏車
租借

地址　皇居前警備派出所
〒 100-0002 東京都千代田区皇居外苑

電話　03-6409-6923

開放時間　每週日 10：00 ～ 15：00，如果依日本氣象
廳預測氣象降雨率超過 50％，活動便取消，
請以日本氣象廳為準

租借費用　免費（目前租借停止，請見官網查詢最新消息）

官網　　地圖　　日本氣象廳
　　　　　　　東京氣象查詢

🚋 交通指南

東京地鐵千代田線至二重橋前站走路 3 分鐘
（3 號及 5 號出口有電梯）

二重橋前站內部圖
（3 號及 5 號出口有電梯）

Moomin 嚕嚕米兒童森林公園

あけぼの子どもの森公園

戶外景點　私房景點　賞楓景點

 鄰近景點　◎ 狹山之丘龍貓森林跟黑炭之家　◎ 池袋太陽城水族館
★ 池袋區逛街購物

❶ 彷彿來到嚕嚕米的童話世界裡 ❷ 嚕嚕米兒童森林公園 ❸ 裡面全部是原木打造 ❹ 家具都跟嚕嚕米童話一樣

　　一走進 Moomin 嚕嚕米兒童森林公園裡，就會感受到截然不同的童話氣氛，這裡是以芬蘭童書主角 Moomin 嚕嚕米為主題的公園。利用飯能市阿須運動公園的土地，打造出嚕嚕米童話主題的自然公園，是個大人跟小孩都會喜愛的戶外景點。

　　其中有嚕嚕米的家、森林之家、兒童劇場、水邊小屋等建築，無論是造型或是整體設計，都好像將童話世界搬到現實生活裡一樣。每

棟建築物都可以脫鞋子進去參觀，裡面都是原木建造，非常有北歐氣息。各個角落都是以兒童考量而設計，於是有許多孩子身材大小方便鑽進去探索的空間，非常可愛。不過，嚕嚕米家的木地板有上光，穿著襪子會比較滑喔，請特別注意。

在這裡面遊玩，好像回到童年時代一樣，所有的嚕嚕米建築都維妙維肖，就連小橋流水跟木棧房都跟嚕嚕米童話非常吻合。秋日時分來這裡更加美麗，種植在一旁的樹木隨著秋日變色，將這個森林公園點綴得更有北歐氣息。2018 年 6 月在園區內也新開了一間咖啡廳，提供咖啡輕食，來此喝杯咖啡，更

有在北歐森林間的悠閒感喔！

假日請早點到來，因為這裡的美景總是吸引許多遊客前來。雖然這裡交通比較遙遠，但很建議在天氣晴朗時帶孩子來玩耍，保證不虛此行！

⑤ 每個角落都很適合小孩來玩耍
⑥ 秋日時分更加美麗 ⑦ 高高低低的通道，適合孩子玩耍 ⑧ 嚕嚕米的廚房 ⑨ 兒童劇場 ⑩ 晴天橋

🔍 Moomin 嚕嚕米兒童森林公園

地址　　〒 357-0046 埼玉縣飯能市大字阿須 893 番地の 1
電話　　04-2972-7711
開放時間　9：00 ～ 17：00
休館日　週一，12 月 28 日～ 1 月 4 日

官網　　　　　地圖

尿布檯　展場禁止飲食　停車場　9:00-17:00　每週一休 12/28~1/4

年齡　　　0 歲～成人
遊樂時間　2~3 小時左右
嬰兒車　　可推進去
飲食　　　展場內請勿飲食，公園開放區可飲食，
　　　　　另設有咖啡廳
入場費　　免費

🚌 交通指南

從池袋搭乘西武池袋線到元加治站下車，再走 20 分鐘就會到達。（有電梯）

從元加治站出來後右轉，要先沿著鐵道邊走，過了平交道之後，沿著直路一直走，途中會經過橋，再繼續走，看到有橫向的大路，有個「駿河台大學」方向牌子，往右邊一直走，看到飯能市民球場後，往前方的陸橋走去，上路橋走到對面的飯能市民體育場，就會看到あけぼの子どもの森公園的入口。

元加治站

沿路直走看到駿河台大學牌子右轉

出站右轉後過平交道

飯能市民體育場陸橋左轉即到達

狹山之丘龍貓森林跟黑炭之家
トトロの森／クロスケの家

戶外景點　私房景點

 鄰近景點　📍嚕嚕米兒童森林公園

動畫大師宮崎駿所推出的電影《龍貓》中的自然場景，就是以狹山丘陵為主的自然景觀為取材景點。然而，這一大片自然的森林地被財團看中，想買下來作為開發渡假村之用，當地居民想要完整保存這片自然景觀，於是發動集資捐款，陸續買下狹山湖周遭的森林地。途中遇到許多困難，也遇到籌資問題，但在眾人努力與各界捐款之下，到現在已經買了 32 塊地，每塊地都命名為「龍貓森林」（トトロの森），而這個計畫也受到宮崎駿本人的大力支持。

如果想要參觀龍貓森林，得要有好腿力，因為每片基地都是自然的樹林土地，帶孩子散步其中享受大自然美景，一邊解釋著龍貓森林的來由，是很好的環境教育！不過，因為需要走的路真的很多，不太適合推推車，請自行斟酌體力。

如果時間不多，可以直接參觀黑炭之家（クロスケの家）即可，這裡是由一間百年以上老民房改造的住宅，裡面的格局就跟電影《龍貓》裡的住宅類似，名叫黑炭之家（クロスケの家），同時也是龍貓森林基金會的所在地。

房子裡住著一隻大龍貓跟三隻小龍貓，非常可愛喔！後院也有個水井，跟動畫裡一模一樣。在古民宅對面有個房子，裡面展示了 32 個龍貓森林基地的由來與照片，想要更進一步了解的人可以前往參觀。另外，也可以購買古民家裡販賣的龍貓相關產品，支持龍貓森林購地計畫，非常有意義。2022 年 6 月起參觀黑炭之家需事先申請，請務必先上官網預約喔！

❶ 狹山之丘龍貓森林的黑炭之家 ❷ 古民宅改建的黑炭之家　❸ 龍貓森林基金會也在這邊　❹ 空間很有古樸感

🔍 狭山之丘龍貓森林跟黑炭之家

地址	黑炭之家　〒 359-1164 埼玉県所沢市三ヶ島 3-1169-1
電話	黑炭之家　04-2947-6047
開放時間	僅開放週二、三跟週六 10：00 ～ 15：00
	需先至官網申請預約參觀。

龍貓森林官網

年齡	0 歲～成人
遊樂時間	3 小時左右～半天左右
嬰兒車	可推進去，狭山之丘森林有許多階梯與泥土地，嬰兒推車不好推動
入場費	500 日幣（小學生以上）

🚆 交通指南

因整座龍貓森林占地很廣，黑炭之家為其中一小個景點，參觀龍貓森林跟黑炭之家，交通有所不同。

往黑炭之家：

1. 搭西武池袋線到小手指站下車（南口），再轉搭開往「早稻田大學」或「宮寺西」方向的巴士，到「大日堂」站下車後走路約 5 分鐘。

2. 搭西武池袋線到狭山ヶ丘站下車，走 30 分到達。

往龍貓森林：

搭西武池袋線到西所沢站，換搭西武狭山線到西武球場前站下車，徒步探索。

日比谷公園
ひびやこうえん

戶外景點　私房景點　賞櫻景點　賞楓景點

 鄰近景點　★皇居、皇居外苑　♥⚙東京鐵塔、芝公園

日比谷公園算是東京最靠近皇居的公園，跟代代木公園相同，提供東京市民一個享受綠意的好去處。日比谷公園原本是幕府時期的住宅，後來在明治時期作為陸軍練兵場，之後被改建成城市公園。

日比谷公園整體設計以西洋風格庭園為主，裡面有個很大的花壇，上面的時鐘也是日比谷公園一大特色。其他建築包括大音樂堂、日比谷公會堂、草地廣場跟水池等。這裡的花卉與草木四季分明，也是東京人與外地遊客賞櫻、賞楓的好去處。

1

2

3

4

5

❶❷ 座落市中心的日比谷公園 ❸ 日比谷公園大時鐘 ❹ 日比谷公園草地廣場 ❺ 公園內也有網球場

秋日適合賞銀杏

日比谷公園水池

 日比谷公園

地址	〒 100-0012 東京都千代田区日比谷公園 1-6
電話	03-3501-6428
開放時間	無休

官網　　地圖

年齡	0 歲～成人
遊樂時間	2 小時左右
嬰兒車	可推進去
入場費	免費

 餐廳　 停車場　 無休

交通指南

東京地鐵日比谷線日比谷站（A6 出口有電梯）、千代田線日比谷站下車（A14 出口最近，無電梯）

都營地下鐵三田線日比谷站下車（B3 出口有電梯）

　日比谷站內部圖

水元公園
みずもとこうえん

戶外景點　私房景點　賞櫻景點　賞楓景點

 鄰近景點　龜有《烏龍派出所》景點

　　水元公園是東京 23 區中最大的公園，占地共有 93 公頃，為大安森林公園的 3.7 倍大。水元公園沿著小合溜河流建造，公園裡的每個景色，都是樹林、綠地跟河流結合的美景，可說是不折不扣的水鄉公園。尤其在秋季，一整片水杉樹林跟遠方的樹葉都變成紅或黃色，景色非常美麗。

　　在園內種植了楊樹、水杉、赤楊，也有菖蒲、睡蓮等花卉，很多東京居民來這邊騎腳踏車、遛狗、釣魚、帶小孩來玩耍，是屬於觀光客稀少但受到附近居民喜愛的都內公園，園內的冒險廣場也有兒童遊樂器材。如果剛好離這邊不遠，又想帶孩子親近大自然，可以考慮來水元公園走走。不過，從金町站一定要換搭公車才能到達，交通時間會有點長，可以考慮一下行程是否順暢喔！

❶ 水元公園賞秋日楓紅　❷ 水元公園為當地人休閒之處　❸ 東京最大的公園　❹ 公園綠地廣大

⑤ 水元公園沿著小合溜河流建造
⑥ 公園裡也有餐廳

🔍 水元公園

地址	〒 125-0034 東京都葛飾区水元公園 3-2
電話	03-3607-8321
開放時間	無休

官網　　　　地圖

年齡	0 歲～成人
遊樂時間	3 小時～半天
嬰兒車	可推進去
入場費	免費

🍽 餐廳　　🚗 停車場　　🕐 無休

🚌 交通指南

搭東京地鐵千代田線直通轉運 JR 常磐線，到金町
站下車（請搭乘往「我孫子」方向的車子才能直
達金町站，若搭往綾瀬方向的車子需轉車，請注
意），到了金町站後往南口走，往 7 號公車月台，
再轉搭需另外付費的京城巴士 63 號水元公園循環
巴士到水元公園站下車（這班巴士只有從 3 月到
11 月，每週六、日跟假日，9：00 ～ 16：40 分
有開，建議搭這班，會直接開到公園內，節省走
路時間，刷交通卡公車費用為 216 日幣）

東京有四大公立動物園，還有為數不少的私立動物園、水族館等，每座動物園跟水族館都各有特色跟吸引人氣的動物。來東京，請務必帶孩子來玩愛唷！

上野動物園

 鄰近景點　★淺草寺與仲見世通、阿美橫町　◎東京大學　◎國際兒童圖書館

戶外景點　熱門景點

想要帶孩子到東京動物園逛逛，首選就是位於上野恩賜公園裡的上野動物園。日本動物園規劃十分良好，孩子能近距離觀察動物，也能讓孩子對動物園的體驗更上一層樓。

上野動物園占地頗大，裡面共有 500 多種動物，共分為東園跟西園兩區。由正門進去後會先逛東園，其中最有人氣的貓熊就在東園裡。在東園能看到大象、獅子、老虎等動物，另一個有超高人氣的動物則是海洋區的

海豹跟北極熊。在這裡看著北極熊游泳真的非常療癒。

① 上野動物園為東京親子遊熱門景點 ② 能讓孩子親近動物的設計 ③ 這裡是親子遊熱門景點 ④ 看北極熊游泳好療癒 ⑤ 上野動物園鎮園之寶：熊貓

　從東園往西園前進，可以用步行或搭乘單軌列車，如果帶孩子來，還是建議搭乘單軌列車（嬰兒車收起來可上列車）。雖然實際搭乘時間不長（只有 1.5 分鐘），但步行上下坡還挺累人的。單軌列車的費用為單程大人（國中生以上）150 日幣、小孩（2 歲以上）80 日幣，2 歲以下免費。

⑥ 動物園內設有單軌列車 ⑦ 搭單軌列車也是有趣的體驗之一 ⑧ 在這邊能看得到企鵝 ⑨ 這裡也有眼鏡猴等動物 ⑩ 販賣許多紀念商品 ⑪ 熊貓玩偶是人氣很旺的商品

　西園則是以非洲動物、爬蟲類、珍禽為主。這區的重點為可愛的眼鏡猴、來自非洲的霍加皮（Okapi），是種長得像馬的長頸鹿、身上有斑馬紋的動物，另外還有可愛的企鵝跟小熊貓等，這裡非常適合帶孩子來認識動物！

　在上野動物園內的賣場也有許多可愛的商品可以購買，當然喜歡貓熊的粉絲也能找到許多周邊商品。如果孩子對動物很有興趣，這裡也能找到很多適合孩子的商品喔，請務必來逛逛。

🔍 上野動物園

官網　　地圖

地址	〒 110-8711 東京都台東区上野公園 9-83
電話	03-3828-5171
開放時間	平日 9：30 ～ 17：00（最後售票時間 16：00）
休館日	週一休息，12/29~1/1 休息

哺乳室　尿布檯　嬰兒車可租借　餐廳　停車場　09:30-17:00　每週一休、12/29-1/1休

年齡	1.5 歲～成人（較適合會走路的孩子探索），嬰兒也能進去喔！
遊樂時間	3 小時左右
嬰兒車	可租借、可推進去
入場費	大人（高中以上）600 日幣
	國中生以上 200 日幣（東京都內國中生免費）
	敬老票 300 日幣
	小孩（國中生以下）免費

Tips

東京四大動物園隸屬於東京動物園協會管轄，共有上野動物園、多摩動物公園、井之頭自然文化園跟葛西臨海水族園。

🚋 交通指南

JR 上野站下車（公園口出口），步行 1 分鐘

京成電鐵京成上野站下車，步行 7 分鐘

東京地鐵銀座線、日比谷線上野站下車，步行 8 分鐘

 JR 上野站車站內部圖
（出入有電梯）

 東京地鐵上野站內部圖
（出入有電梯）

東京多摩動物公園

戶外景點　私房景點

⊟ 鄰近景點　★ 三麗鷗彩虹樂園　◎ 京王鐵道樂園

東京多摩動物公園隸屬於東京四大動物園之一，東京多摩動物公園原先為上野動物園的分園，位於東京近郊的日野市，面積足足有上野動物園四倍大，總面積達 60 公頃，園內因地形的關係，有小山坡起伏，來這裡要有爬坡的心理準備。不過園內都有巴士接駁，也可以改搭巴士。

❶ 園區都採開闊式設計
❷ 多摩動物公園占地廣大　❸ 其中有遊園公車
❹ 獅子巴士非常有趣
❺ 可以很近距離看獅子

雖然多摩動物公園離東京市區比較遠，從新宿搭車過來要 30 分鐘車程，但非常推薦來這裡遊玩。因為多摩動物公園有個很特別的獅子巴士（ライオンバス），在占地 1 公頃大小的獅子園區，裡面共有 20 頭放養的獅子，遊客們能搭乘專屬的獅子巴士，非常安全近距離觀賞獅子的模樣。坐在獅子巴士裡真的非常震撼，獅子離你好近好近，就在你眼前打哈欠、瞪著你。獅子巴士最新營運狀況，出發前請先至官網查詢確認。

從大門進來後，往非洲區（アフリカ園）走，經過一小段山坡後，就會找到獅子巴士（ライオンバス）的指標，於自動販賣機買好票之後，就能去排隊搭乘巴士了。

另一個推薦來到多摩動物公園的原因是，園內為了讓動物舒適自由的活動，盡量以放養方式讓動物走動，很多區域也使用壕溝取代柵欄分隔，讓遊客以安全的方式更貼近動物，所以這裡能看到的動物園景色也特別寬廣舒適，例如在非洲區的大象區，就可以很

近距離的看到大象，近到連大象皮膚上的紋路都看得一清二楚！對孩子來說，這是很棒的經驗呢！

⑥ 獅子巴士需要另外購票 ⑦ 大人小孩都會很興奮 ⑧ 可以很近距離看到獅子 ⑨ 孩子們以他們的角度也能看到動物 ⑩ 能近距離觀察動物 ⑪ 園區很大，要逛半天以上 ⑫ 很適合親子一同來玩

🔍 東京多摩動物公園

地址　　　〒 191-0042 東京都日野市程久保 7-1-1
電話　　　042-591-1611
開放時間　平日 9：30 ～ 17：00（最後售票時間 16：00）
休館日　　週三休息，12/29~1/1 休息

官網

地圖

哺乳室	尿布檯
餐廳	停車場
投幣式儲物櫃	9:30-17:00
每週三、12/29-1/1休	

年齡　　　1.5 歲～成人
遊樂時間　3 小時左右
嬰兒車　　可推進去
入場費

成人	600 日幣
國中生	200 日幣
65 歲以上	300 日幣
國小以下	免費

獅子巴士

成人	500 日幣
3 歲～國中生、65 歲以上	150 日幣

🚃 交通指南

無論從東京何處出發，都要在新宿換搭京王線至多摩センタ站或高幡不動站，再換搭多摩單軌列車（多摩モノレール），到多摩動物公園駅下車。約為 30 ～ 40 分鐘車程。

京王多摩センタ車站
（有電梯）

葛西臨海水族園及葛西臨海公園

戶外景點　私房景點

鄰近景點　🔵 地下鐵博物館

🔵 東京四大動物園之一的葛西臨海水族園 ② 葛西臨海公園遊園小火車 ③ 葛西臨海公園占地廣大 ④ 讓孩子也能輕鬆認識魚類 ⑤ 日本最大的企鵝展示場

　　葛西臨海公園位於東京東南部，座落於東京灣旁，鄰近東京迪士尼樂園。葛西臨海公園占地非常廣，有 80 公頃，裡面有座很大的葛西臨海水族園、摩天輪、餐廳跟遊園小火車。遊園小火車（週三休息）會繞著葛西臨海公園運行，成人票價為一趟 300 日幣，3 歲以上小孩一趟為 150 日幣。繞園區行走一圈約 25 分鐘，如果來公園，可選擇搭乘小火車。

　　葛西臨海公園裡的重點就是葛西臨海水族園，這是間東京都立水族館，也是東京四大動物園之一。館內共有三層樓，全部有 47 個水槽，有 650 種生物，以各個不同海洋為分類，展示生活於不同海洋的魚類及海中生物。其中也有特別以東京海域為主題的水槽。

　　其中，最吸引人的是 2200 噸甜甜圈型大水槽中游泳的鮪魚魚群，和國內最大的企鵝展示場，還特別規劃出能讓孩子親近水中生物的區域。

　　這裡是東京居民常常會帶孩子來的地方，也有很完善的設施跟餐廳，相較於一般私營的水族館比較沒有這麼多花俏的設計，但相對的，入場費用也平實許多，如果孩子們想來水族館，可以考慮來這邊喔！

🔍 葛西臨海水族園及葛西臨海公園

地址	水族園　〒134-8587 江戸川区臨海町 6-2-3
電話	水族園　03-3869-5152
開放時間	水族園　平日 9：30 ～ 17：00
	（最後售票時間 16：00）
休館日	水族園休館日：週三休息，12/29~1/1 休息

官網 地圖

哺乳室　尿布檯　餐廳　停車場　投幣式置物櫃　09:30-17:00　每週三、12/29-1/1休

年齡	1.5 歲～成人（較適合會走路的孩子探索），嬰兒也能進去喔！
遊玩時間	3 小時左右
嬰兒車	可推進去
免稅	許多店舖都有免稅，請洽各店舖
入場費	公園免費
	水族園

	費用
成人	700 日幣
國中生	250 日幣
65 歲以上	350 日幣
國小以下	免費

這裡能近距離親近水中生物

🚃 交通指南

搭乘 JR 京葉線至葛西臨海公園站下車（有電梯），走路 5 分鐘

如果搭東京地鐵東西線到葛西站，來到這邊還很遠喔，必須要轉搭巴士

晴空塔墨田水族館
すみだ水族館

 雨天ok! 私房景點

 鄰近景點　◉晴空塔郵政博物館　★淺草寺與仲見世通　◉東武博物館　錦系町阿卡將

墨田水族館座落於晴空塔裡，於 2012 年 5 月開幕，開幕當時擁有全日本最大規模的室內開放水槽，也是特別導入人工海水技術製造系統的水族館。因為就位於晴空塔裡，很多遊客在參觀完晴空塔後會一起將墨田水族館排入行程中。

墨田水族館裡十分有設計感，以黑暗背景為主搭配上螢光般夢幻碧藍的水槽，好像進入一個深海裡的夢幻世界。一整面的水母牆、在珊瑚礁區的花園鰻，身體少部分插在沙子裡，隨著海水隨波逐流的模樣，讓人著迷。重現世界遺產小笠原海洋世界的「東京大水槽」，更是吸引遊客目光的焦點。

在 5 樓的企鵝、海狗開放式大水槽裡，能近距離看到企鵝飛快的在你眼前游過去，也能看到飼養員飼養動物的情景，非常有現場感喔！如果帶孩子來這裡的話，回去應該會對企鵝有很深的印象呢！

❶ 晴空塔裡的墨田水族館 ❷ 螢光般夢幻碧藍的水槽 ❸ 有各式魚類可以觀賞 ❹ 現場有餵食秀 ❺ 花園鰻是這區的重頭戲

🔍 晴空塔墨田水族館

地址	〒 131-0045 東京都墨田区押上一丁目 1 番 2 号（正門入口在 6 樓，需從 5 樓搭手扶梯上去）
電話	03-5619-1821
開放時間	平日 10：00 ～ 20：00，假日 9：00 ～ 21：00
休館日	全年無休

官網　　　　地圖

哺乳室　尿布檯　咖啡廳　停車場　投幣式置物櫃　平日10:00-20:00 假日9:00-21:00　全年無休

年齡	1.5 歲～成人（比較適合會走路的孩子探索），嬰兒也能進去喔！
遊樂時間	2 小時左右
嬰兒車	可推進去

入場券

	費用
成人	2500 日幣
高中	1800 日幣
國中、國小生	1200 日幣
3 歲以上	800 日幣
3 歲以下	免費

🚋 交通指南

從上野站或淺草站出發，在淺草站轉搭東武晴空塔線至東京晴空塔站（とうきょうスカイツリー）下車，站內直通晴空塔

搭東京地鐵半藏門線、都營淺草線至押上站下車（從站內就有連通道直達晴空塔）

五樓入口手扶梯

品川水族館
しながわ水族館

雨天ok!

私房景點

鄰近景點 　Maxell Aqua Park 品川水族館

品川水族館跟 Maxell Aqua Park 品川水族館是兩個完全不同的水族館喔！品川水族館座落於品川區民公園中，從品川站還要再搭幾站電車才能到達。

品川水族館於 1991 年開館，雖然有一點年份了，但設施很貼心的為孩子著想，無論是水中生物的水槽高度、特別展覽或是海豚表演場地，都特別為了孩子的觀賞經驗而設計。雖然沒有新開設的水族館那樣新穎，但對孩子來說，這是一個讓以他們身高及視角看出去，都會留下深刻印象的水族館。

這裡也是以東京灣為主題的水族館，其中「流入東京灣的河流」、「東京灣的沙灘和岩岸」等主題展區，也特別表現出品川的地利及海域特點。

① 悠遊水中世界的品川水族館 ② 這裡也很受小朋友歡迎 ③ 品川水族館座落於品川區民公園 ④ 孩子追著海豹一起奔跑 ⑤ 孩子們能近距離觀察魚類 ⑥ 連大章魚也能近距離觀察喔

千萬不能錯過長達 22 公尺的「海底隧道水槽」！可以從水槽下方觀賞到海豹悠遊於水槽裡的模樣，很少有水族館能從各種角度欣賞到海豹游泳的模樣呢！請務必帶孩子來這邊體驗一下喔！每天也會有兩場海豹表演。另外，這裡的環形戶外水上劇場，每天上演三場左右的海豚表演，也是孩子們喜愛的表演節目。另外還有水中餵魚秀等等，每天的表演行程請查詢官方網頁。

⑦ 現場有海豚表演 ⑧ 能親近海中生物

品川水族館

地址	〒 40-0012 東京都品川区勝島 3-2-1
電話	03-3762-3433
開放時間	平日 10：00 ～ 17：00（最後售票時間 16：00）
休館日	週二休息，1/1 休息

官網　　　　地圖

哺乳室　尿布檯　餐廳　停車場

投幣式儲物櫃　10:00-17:00　每週二、1/1休

年齡	1.5 歲～成人（比較適合會走路的孩子探索），嬰兒也能進去喔！
遊樂時間	2.5 小時左右
嬰兒車	可推進去

入場費

	費用
成人（高中生以上）	1350 日幣
國中生、小學生	600 日幣
4 歲以上小孩	300 日幣
65 歲以上	1200 日幣
3 歲以下	免費

入場門票

交通指南

JR 京浜東北線至大森站下車（有手扶梯），北口出來走路約 15 分鐘。或搭至大井町站，從中央改札口・東口 6 號的巴士乘車處，搭乘免費接送巴士。1 小時各有 1 ～ 2 班接送，詳情請見網站。

從品川站換搭京浜急行線至大森海岸站下車（有手扶梯、電梯），走路約 8 分鐘

免費接送巴士

Maxell Aqua Park 品川水族館
マクセルアクアパーク品川

雨天ok! 私房景點

Maxell Aqua Park 品川水族館是位於品川王子飯店的水族館，交通非常便利，搭車到品川站從高輪口出來，往品川王子飯店的建築走去即可。原先於 2005 年開業，再於 2015 年整修後於 2015 年 7 月重新開幕，Maxell Aqua Park 品川水族館變得更新穎更有設計感，也成為目前東京區內最新的水族館。

水族館館內總共有兩層樓，有個很特別的水母悠游區，還有能夠欣賞五彩繽紛熱帶魚的小小樂園，以及一些包括旋轉木馬跟海盜船的遊樂設施（需另外付費，各 500 日幣，有限制身高年齡）。

不過，其中最令人興奮的是能以 360 度全方位欣賞的海豚表演，每天會有六場表演，目前規劃出兩種主題。這裡的海豚表演有著豐富多彩的燈光設計，真的可以媲美水舞間，讓海豚的表演變得更加有震撼力跟聲光效果。看表演不須另外付費，但請務必先查詢好表演時間以免錯過！

查詢表演時間

❶ Maxell Aqua Park 品川水族館位於品川王子飯店裡 ❷ 色彩繽紛的水母悠游區 ❸ 360 度全方位欣賞的海豚表演 ❹ 熱帶魚的小小樂園 ❺ 各式海中生物知識

🔍 Maxell Aqua Park 品川水族館

地址	〒 108-8611 東京都港区高輪 4-10-30（品川王子飯店內）
電話	03-5421-1111
開放時間	平日 10：00 ～ 20：00（最後售票時間 19：00）
休館日	無休

官網 　地圖

 哺乳室　 尿布檯　 嬰兒車可租借　 停車場　 投幣式保物櫃　 10:00-20:00　 無休

入場前有嬰兒車放置場

年齡	1.5 歲～成人（較適合會走路的孩子探索），嬰兒也能進去喔！
遊樂時間	2.5 小時左右
嬰兒車	可推進去，也有嬰兒車放置場

入場費

費用		住宿品川四間飯店特別折扣 （品川王子飯店／高輪皇家王子櫻花塔大飯店／高輪格蘭王子大飯店／新高輪格蘭王子大飯店）
成人（高中生以上）	2500 日幣	1800 日幣
國中生、國小生	1300 日幣	1000 日幣
3 歲以下	800 日幣	500 日幣
國小以下	免費	免費

這裡也很受大人歡迎

🚃 交通指南

JR 線、京急線至品川站的高輪口出站（有電梯、手扶梯），走路約 2 分鐘

池袋太陽城水族館
サンシャイン水族館

雨天ok! 私房景點

　　池袋太陽城水族館是位於池袋太陽城商場內的設施，也是日本第一間在大樓頂樓開設的水族館。原先於 1978 年開館，2010 年整修後，於 2011 年重新開幕。雖然這裡有點歷史了，但因為之前經過重新整修，所有設施還是很新穎，為東京熱門的出遊勝地。2017 年更設立了新的天空企鵝區，能看到企鵝從你頭上游過去，非常特別喔！

　　池袋太陽城水族館總共有 2 層樓，主要設施集中在 1 樓。海洋之旅裡面有大型環形水槽，可以盡情觀賞在水中游泳的海中生物。位於 2 樓的水濱之旅，展示豐富的海中生物，最吸引人目光的空中之旅，則在 1 樓廣場的陽光環形水槽，能看到海獅在裡面游泳，非常有趣！

　　這裡的水中生物表演秀也很多元，共有五種，包括海獅表演（海獅餵食秀）、水上表演、海獺餵食秀、企鵝餵食秀跟鵜鶘餵食秀等，可以從官網查詢表演時刻。

　　另外在夏天時也會有特別的動物出巡表演，有海龜、企鵝、變色龍、海獺等等，都能讓孩子們近距離親近動物。動物出巡表演很難得，有機會遇到的話一定要把握喔！

❶ 位於池袋太陽城商場裡的水族館　❷ 為日本第一間在頂樓開設的水族館　❸ 企鵝餵食秀　❹❺ 動物出巡表演能親近動物

查詢表演時間

🔍 池袋太陽城水族館

地址　　〒 170-8440 東京都豐島区東池袋 3-1-3
　　　　（位於商場內頂樓，有專屬電梯）

電話　　03-3989-3466

營業時間　9：30 ～ 21：00

　　　　平假日時間不同，請見官網

　　　　（最後售票時間皆為關門前 1 小時）

休館日　無休

官網　　　　地圖

哺乳室　尿布檯　嬰兒車可租借　餐廳　停車場　投幣式置物櫃　9:30-21:00　無休

年齡　　1.5 歲～成人（比較適合會走路的孩子探索），嬰兒也能進去喔！

遊樂時間　2.5 小時左右

嬰兒車　可租借、可推進去

入場費

	費用（依日期不同）
成人（高中生以上）	2600 ～ 2800 日幣
國中、國小生	1300 ～ 1400 日幣
4 歲以上	800 ～ 900 日幣
3 歲以下	免費

🚃 交通指南

搭到池袋站，從東口出站，再步行到池袋太陽城大廈即可

江戶川區自然動物園

戶外景點 私房景點

 鄰近景點　📍地下鐵博物館　📍葛西臨海水族園及葛西臨海公園

江戶川區自然動物園是一個地區性的小型動物園，位於東京都江戶川區的行船公園內。雖然園區佔地不大，動物也沒有像大型動物園種類繁多，但是維護管理得很好，也能親近小動物，再加上入園完全免費，因此頗受東京父母喜愛，是東京爸媽會帶小孩去玩的私房景點之一。

要前往江戶川區自然動物園，可搭乘東京地下鐵東西線到西葛西站下車，再步行過去。不過它距離地鐵站並不算近，大約要走 15 分鐘左右，但沿路為住宅區，附近也有 AEON 購物中心，在好天氣時散步過去，其實還滿舒服的。

❶ 很有親切感的江戶川區自然動物園　❷ 免費入園參觀，為東京人的私房景點　❸ 雪白羽毛的雪鴞非常可愛　❹ 鳥類羽毛解說寓教於樂　❺ 土撥鼠也是園內的人氣動物　❻ 黑白相間的大食蟻獸

小而美的動物園

雖然江戶川區自然動物園佔地不大，但也正因為這樣，民眾跟動物的距離也拉近了許多。一入園就能看到鳥類區，可愛又萌的雪鴞就在入口區附近，《哈利波特》迷看到一定會相當開心。園方也很貼心地在鳥類區設立了互動專區，孩子們能從不同的鳥類羽毛、鳥巢形狀，學到各種鳥類知識。

園內也飼養了小熊貓、大食蟻獸、黑尾土撥鼠、紅頸袋鼠、漢波德企鵝等小型動物，不過最受歡迎的還是屬於互動區，在這裡可以抱兔子和天竺鼠，或是與山羊和綿羊親近（一天兩次，下雨不開放，時間為早上10：00～11：45、下午13：15～15：00兩個時段。暑假期間時間會變更，請以現場公告為主）。這個區域是園內最受小朋友歡迎的地方，但請記得在摸完動物前後，都要把手洗乾淨喔！

 這裡很適合帶小孩來玩　 在這裡能近距離與動物親近　 互動區一天開放兩個時段

🔍 江戶川區自然動物園

地址	〒134-0081 北葛西3丁目2番1号行船公園
電話	03-3680-0777
營業時間	10：00～16：30（週末、國定假日9：30開園，11月～2月僅開放到16：00）
休館日	每週一、12月30日～1月1日

官網　　地圖

哺乳室　尿布檯　停車場　10:00-16:30　每週一

年齡	全年齡適合	停車場	有（於行船公園內）
遊樂時間	2小時	哺乳室	有（於行船公園內）
嬰兒車	可推進去	尿布檯	有（於行船公園內）
入場費	免費	飲食	無

公園內也有遊具能夠遊玩

🚃 交通指南

東京地下鐵東西線「西葛西駅」下車，步行15分鐘可到達。

東京巨蛋、明治神宮野球場看棒球去

① 養樂多球迷大跳雨傘舞 ② 來日本有機會一定要來體驗職棒 ③ 有許多周邊產品可供購買

　棒球（野球）對於日本人來說，是神聖不可動搖的運動，也是他們從老到少都會關注的比賽。如果去東京剛好能遇到日本職棒球季，就算不是球迷，也能帶著孩子親身參與日本職棒熱力四射的比賽場面，會讓大人小孩都留下非常深刻的印象！

　日本的職棒比賽於每年 3 月開打，到 10 月初各聯盟冠軍賽分出勝負為止，之後再由中央聯盟冠軍隊跟太平洋聯盟冠軍隊比賽，大概到 10 月底就沒有球賽可以看了。如果剛好在球季內去東京，就能注意位於東京兩大棒球場：東京巨蛋跟明治神宮野球場的比賽場次。而且在夏天時，明治神宮野球場在比賽到第五局結束後，會施放煙火 500 發，真的很漂亮喔！

東京巨蛋球場（東京ドーム）

東京巨蛋是座大型室內球場，除了舉辦棒球之外，還有演唱會、職業摔角等表演。東京巨蛋的主場棒球隊伍為讀賣巨人隊。巨人隊的球迷非常多，棒球票也常常會賣光，如果打算去東京巨蛋看球賽，建議提早上網將票買好。可從讀賣巨人隊官網上查詢比賽場次，並於網上購票，信用卡付款後，列印出來即可（直接攜帶印出來的票，現場掃 QR code 就能入場）。

如果帶小孩，最好的情形是搶到家庭席（FamilySeat），但因為巨人隊的票真的很難買，雖然是比賽前兩個月開始預售票券，但一開賣沒多久就會搶光光，能不能買到真的要看運氣！

❹讀賣巨人隊主場的東京巨蛋　❺ 東京巨蛋裡有專門的紀念品店　❻ 野球殿堂博物館

🔍 東京巨蛋球場（東京ドーム）

地址　　　〒 112-0004 東京都文京区後楽一丁目 3 番 61 号
電話　　　03-5800-9999
主場球隊　讀賣巨人隊
嬰兒車　　可寄放於入口

官網　　　地圖

🚆 交通指南

請搭乘 JR 中央線、總武線或都營三田線到「水道橋」站下車

JR 水道橋車站內部圖
（只有往御茶ノ水・秋葉原東口有手扶梯，西口為小段樓梯）

都營三田線水道橋車站內部圖
（有手扶梯、電梯，對外出口 A2 有電梯）

📅 比賽場次查詢

東京巨蛋官網比賽場次查詢

巨人隊官網比賽場次查詢

明治神宮野球場

　　明治神宮野球場就在明治神宮外苑區域，這裡是東京養樂多燕子隊的主場球場，同時也會舉辦東京六大學棒球聯盟比賽。明治神宮野球場是開放式的戶外球場，不像東京巨蛋在室內有空調，也比較容易受到天候影響。但明治神宮野球場的票價比較便宜，棒球比賽的票也比東京巨蛋容易購買（除了一些熱門場次以外），通常在開打前幾天購買，甚至當場買自由席也買得到。

❶ 位於明治神宮外苑區域的球場 ❷ 東京養樂多燕子隊的主場球場

1

2

🔍 明治神宮野球場

地址　　〒160-0031 東京都新宿区霞ケ丘町 3-1

電話　　0180-993-589

主場球隊　東京養樂多燕子隊

嬰兒車　　可寄放於入口

官網

地圖

🚃 交通指南

東京地鐵銀座線至外苑前站，距離最近的 3 號出口為樓梯，4a 出口有電梯，走路約 5 分鐘

外苑前站內部圖
（3 號出口為樓梯，4a 出口有電梯）

📋 比賽場次查詢

明治神宮野球場官網比賽場次查詢

養樂多隊官網比賽場次查詢

球票購票方法

A. 可以直接到球場販售窗口購買
　（不過當天現場可能會沒票）
B. 可以先用電話或上購票網站購買（到超商取票）
C. 直接在日本超商購買

　我選擇直接在日本超商購買，也很方便。在 7-11 便利商店找到類似 ibon 的機器就能夠購買，購買時也可以直接選擇中文頁面，非常方便喔！

購買程序（日文界面）

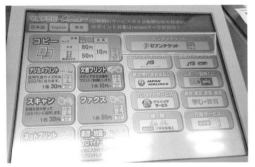

1. 先找到 7-11 票券

2. 選擇左邊綠色的按鈕（前売券）

3. 接著選擇スポーツ（體育）

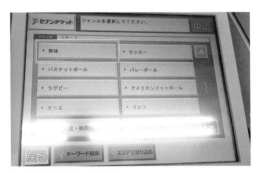

4. 選擇「野球」（棒球）

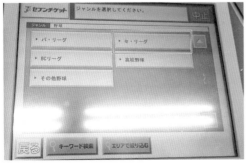

5. セ・リーグ（中央聯盟）（如果要買太平洋聯盟球隊的票要選パ・リーグ）

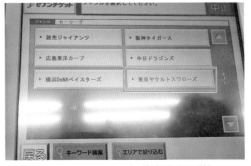

6. 東京ヤクルトスワローズ（養樂多燕子隊）

7. 選擇時間跟場次，選好後按ok，選擇座位類別（我選的是最便宜的外野自由席，票價1100日幣）

8. 輸入姓名、電話（因為購買自由席，隨意填入也沒關係，指定席請正確輸入資料）

9. 選好後，等印表機列出A4大小的紙，就可以去櫃檯付款取票

　　到了球場就以選定的座位類別入座。我當初是買外野自由席，建議還是要早點去找位置，如果是買指定座位席次就沒關係囉！球場裡面有許多便當餐飲，也有賣紀念品，可以買好便當進球場裡享用。不過進了球場裡就只有賣啤酒跟可樂汽水，帶孩子一起去，請先幫他準備好飲用水帶進去。

　　在每年夏天七、八月時，只要比賽到第五局下半結束，就會開始施放煙火，能看熱力四射的球賽，又能觀看美麗的花火，真的是非常棒的體驗呢！有機會務必帶孩子來看場日本職棒比賽喔！

夏天真的很適合看球賽

夏季比賽會施放煙火喔！

育兒購物餐飲好去處

東京好買又好逛，育兒用品豐富，有幾間大型育兒用品連鎖商店，是爸媽們採購的最佳去處。除此之外，東京也能找到一些親子親善的大型商場，帶著孩子逛街也能輕鬆自在，又附設有完善的遊戲區、哺乳室與尿布檯，讓爸媽與孩子們都能逛得很開心喔！

阿卡將本舖
アカチャンホンポ

到東京採買孩子的各式用品、衣物、鞋襪、玩具、尿布等等，千萬不要錯過阿卡將本舖。這間發源於大阪的幼兒用品店，目前已經遍布全日本，而在東京都內交通最方便的就屬於位於錦糸町的這間阿卡將本舖了。安排淺草、晴空塔行程時，可再安排到錦糸町的阿卡將本舖採買，最後心滿意足的回飯店，結束一天行程。

阿卡將育兒用品種類繁多，所有孩子需要用到的用品全部備有。這裡的尿布也非常齊全，也有賣5片裝的小包裝，萬一行程中尿布不夠，又不想買一大包的時候，可以來這邊購買小包裝的使用。如果全部購買物品超過1萬日幣，記得攜帶護照辦理退稅手續。

❶ 來自大阪的連鎖嬰童用品店阿卡將 ❷ Arcakit 裡有不少好逛品牌 ❸ 位於錦系町附近 ❹ 各種品牌尿布都找得到 ❺ 夏天也買得到浴衣 ❻ 這裡的玩具真的非常多

同一棟 Arcakit 大樓裡 6 樓有無印良品跟 GU（兒童衣服），4 樓有 Uniqlo（也有兒童衣物），1 樓的 Shoo la rue 賣場裡也有便宜又好看的兒童衣物，可以一併排進行程中。

Arcakit 大樓 1 樓的 Shoo la rue 賣場也很好逛

兒童衣物用品比較有設計感，價格又便宜

🔍 東京都內最方便到達店舖 - 阿卡將本舖錦糸町店

地址	〒 130-0013 東京都墨田区錦糸 2-2-1 アルカキット（Arcakit）錦糸町 5 樓
電話	03-3829-5381
營業時間	10：00 ～ 21：00
退稅服務	可辦理退稅

官網　　地圖　　查東京店舖地址

10:00-21:00　TAX FREE

 Tips

日本政府目前擴大觀光客退稅服務，只要持有非日本護照消費，且購物商店貼出免稅標誌，購物金額及品項符合規定者都可以辦理退稅喔！購物時，請記得隨身攜帶護照方便辦理退稅手續。

日本官方退稅指南

買到一定額度可免稅

🚃 交通指南

JR 總武線、中央線至錦糸町站北口，走路 1 分鐘
東京地鐵半藏門線至錦糸町站（出口 1、4 有電梯）

錦糸町站內部圖
（出口有電梯）

BabiesЯUs
ベビーザらス

① 來自美國的連鎖嬰童用品店 ② 有各種玩具 ③ 麵包超人系列商品也很受歡迎 ④ 受歡迎的輕便型推車種類繁多

　　BabiesЯUs 是美國玩具反斗城（ToysЯUs）的嬰幼兒用品品牌，商品包羅萬象，各式嬰幼兒用品、玩具等等全都找得到。這間位於台場 AQUA CITY1 樓賣場的 BabiesЯUs，旁邊就是玩具反斗城（ToysЯUs），不過 BabiesЯUs 裡面的玩具就非常多了。在換季拍賣時來這邊，常常會撿到一些便宜、品質又不錯的幼兒衣物。

　　基本上阿卡將本鋪跟 BabiesЯUs 賣的東西都差不多，但因為阿卡將本鋪在遊客名氣中比較響亮，某些熱門產品容易缺貨，有時到阿卡將本鋪找不到的商品，BabiesЯUs 比較容易找到。兩間商店賣的商品價格也會有些差異，可以比價看看喔！

6

⑤ 折扣季時請務必來此撿便宜
⑥ 賣場裡也有育嬰室

官網   查東京店舖地址

🔍 東京都內最方便到達店舖

BabiesЯUs 池袋太陽城王子店

地址	〒170-0013 東京都豊島区東池袋 3-1 太陽城文化会館 B1F
電話	03-3983-5400
營業時間	10：00 ～ 21：00

地圖

10:00-21:00

🚃 交通指南

東京地鐵有楽町線東池袋駅 6、7 號出口地下通道直通

JR 池袋駅東口走路約 10 分鐘

BabiesЯUs 台場店

地址	〒135-8707 東京都港区台場 1-7-1
	アクアシティ（AQUA CITY）お台場 T101 1F
電話	03-5564-5011
營業時間	11：00 ～ 21：00

地圖

11:00-21:00

🚃 交通指南

百合海鷗號（ゆりかもめ）台場站下車，出口左轉至 AQUA CITY 的 1 樓（有電梯）

西松屋

　　西松屋為日本兵庫縣起家的嬰幼兒用品專賣店，全日本總共有 800 多間店舖，通常都開在擁有廣大商場腹地的地方，位於市中心的店舖不多，東京最方便到達店舖位於台場 DECKS 裡。另外，如果行程安排來橫濱，也可以來橫濱的西松屋逛逛，就在麵包超人博物館後面，距離非常近喔！

① 遍布全日本的嬰童用品店西松屋 ②嬰童用品非常多 ③可以找到特價衣物

西松屋所賣的物品跟阿卡將、Babies ЯUs 差不多，其中西松屋的衣物跟鞋子更為便宜，不過品質有點參差不齊，有時能找到特價的衣物與鞋子，至於便宜好看質料不錯又很耐穿的商品，就要看運氣了。

❶ 在這裡可以找到許多嬰兒食品 ❷ 西松屋為許多日本爸媽採購好去處 ❸ 可以找到許多折扣品 ❹ 有許多育兒用品

🔍 東京都內最方便到達店舖

西松屋台場店

地址　〒 135-0091 東京都港区台場 1-6-1 DECKS 裡的アイランドモール（Island Mall）4 樓

電話　03-3599-5365

營業時間　11：00 ～ 21：00

官網

查東京店舖地址

11:00-21:00

地圖

🚃 交通指南

百合海鷗號（ゆりかもめ）台場海濱公園站下車，出口左轉至 DECKS 的 4 樓（有電梯）

Uniqlo 大型店舖嬰幼兒特別商品

Uniqlo 在台灣開設非常多間店舖，想要買到 Uniqlo 的商品並非難事。但日本的 Uniqlo，在全日本開設的店舖中，分為超大型店舖、大型店舖跟標準小型店舖，日本 Uniqlo 會針對超大型店舖跟大型店舖推出特別商品，在台灣跟日本小型店舖買不到。有些商品滿可愛又有特別度，建議來日本時除了去大型商店逛逛尋找限定商品，也能看看日本當地的特價商品。

其實 Uniqlo 的店舖在東京隨處可見，要找到大型或超大型店舖不是難事。位於銀座的這家 Uniqlo，就是東京都內超大型店舖之一，貨源充足，有時也會有特別的商品，可以來這家店逛逛喔。

❶ Uniqlo 在日本有許多商店 ❷ 店內兒童服飾很多 ❸ 在 Uniqlo 大型店舖裡常有特別商品

🔍 東京都內最方便到達店舖

UNIQLO 銀座店

（還有很多喔，請查以上 QRcode 尋找最方便的地點）

地址	〒 1104-0061 東京都中央 銀座三丁目 2 番 1 号
電話	03-5159-3931
營業時間	11：00 ～ 21：00
退稅服務	可辦理退稅

官網

地圖

🚃 交通指南

東京地鐵有楽町線銀座一町目站。

銀座一丁目站內部圖

橫濱 MARK IS 大型商場
MARK IS みなとみらい

❶ 位於橫濱占地廣大的 MARK IS 商場 ❷ 育嬰室設備齊全 ❸ 餐廳也很適合嬰兒車推入 ❹ 受爸媽歡迎的育兒品牌非常多 ❺ 適合兒童遊戲的角落

橫濱 MARK IS 商場，是間以親子為導向的購物商場，有許多親子友善設施與許多兒童用品。這間大型商場原先就是以「三代都能親子同樂」的概念來設計，在親子設施的設計規劃顯得特別用心。

橫濱 MARK IS 的交通極為方便，推嬰兒車的爸媽可以直接從港未來站出站後，直接從地鐵站連通道進入 MARK IS，直達商場購物。除此之外，3 樓特別規劃兒童空間，不但有 Babies ЯUs 進駐，也有許多很不錯的日本童裝品牌，例如 Motherways、Dadway 等，BørneLund KID-O-KID 連鎖親子樂園也在同

一層樓裡。在 3 樓還有一區專門給兒童的遊戲空間，規劃非常貼心，也注重安全。

如果想要用餐，4 樓有許多餐廳可供選擇。在餐飲區域中，也有特別的親子座位，兒童餐椅現場數量非常多。此外，餐廳旁邊設有一區非常大的哺乳室跟尿布檯區。如果孩子想到戶外跑跑，MARK IS 一樓對面的橫濱美術館廣場有大空地可供孩子奔跑嬉戲。

雖然東京的購物中心這麼多間，但真心推薦如果有機會來橫濱遊覽，請務必要來 MARK IS 走一趟，享受這間既豐富又貼心的親子購物空間。

嬰童用品店 DADWAY

各種風格的兒童用品非常齊全

🔍 橫濱 MARK IS 大型商場

地址	〒 220-0012 神奈川縣橫浜市西区みなとみらい 三丁目 5 番 1
電話	045-224-0650
營業時間	週一到週四 10：00 ～ 20：00 週五到週日 10：00 ～ 21：00

官網

地圖

 哺乳室　 尿布檯　 嬰兒車租借　 停車場　 10:00-20:00

🚃 交通指南

搭 JR 到橫濱站，換成港未來 21 線（みなとみらい線）至港未來站（みなとみらい），下車直達 MARK IS 的 B4 樓層

東京車站一番街

　　東京車站是東京首屈一指交通運輸轉運中心，同時也是個非常廣大的商場。在東京車站內部有無數伴手禮及食品商店，靠近東京車站八重洲口，有個非常值得推薦的商場「東京車站一番街」，無論是大人小孩來此，都會非常的開心。

　　東京車站一番街共分為三層，從八重洲口進來還未刷卡通過閘口前，就可以看到 1 樓的東京ギフトパレット小型伴手禮店鋪，2 樓還有一小區餐廳區，不過重頭戲在 B1，也

就是東京車站一番街人潮最多，也最好玩的區域，共分為東京拉麵一番街（東京ラーメンストリート）、東京菓子園地（東京おかしランド）跟東京動漫一番街（東京キャラクターストリート）。

　　其中，東京拉麵一番街共選了八家知名拉麵店進駐，著名的斑鳩、六厘舍等全部都非常好吃。東京菓子園地則為固力果、加樂比 Calbee+、森永為主的三家店鋪伴手禮區域，其中 Calbee+ 炸薯條是熱門商品。

❶ 東京車站一番街　❷ 六厘舍人氣很旺　❸ 有許多伴手禮可供購買　❹ 東京菓子園地加樂比 Calbee+

　　真正讓小孩也瘋狂的地方應屬東京動漫一番街了。裡面總共集結了 26 間不同動漫玩具主題店舖，例如 Snoopy、Miffy、小熊學校、Hello Kitty、Tomica、樂高、口袋怪獸、拉拉熊、JUMP…等店，熱門的人氣動漫人物幾乎都能在這邊找到喔！如果想要選購玩具跟動漫產品，在東京動漫一番街裡可以一次購足！

⑤ 東京動漫一番街品牌很多
⑥ 拉拉熊專賣店

🔍 東京車站一番街

位置	從東京車站八重洲口進入，在還未刷卡進入搭車閘口前的販賣區域，包括 1 樓與 B1
電話	045-224-0650
營業時間	平日 9：30 ～ 20：30
	假日 9：00 ～ 20：30
	（各店規定不同，詳細時間請見各店）

官網　　　地圖

哺乳室

尿布檯

投幣式儲物櫃

🚃 交通指南

搭車至東京車站往八重洲口走去，出了票口閘門外即是

銀座博品館

如果來東京時間不多,但又想幫孩子採買玩具,銀座博品館會是省時省力的好去處。銀座博品館的歷史悠久,經過幾次擴張規模跟翻新,現為一整棟8層樓的建築物。位置比較靠近新橋的銀座八丁目,如果搭地鐵來,建議從新橋站走過來比較近。

銀座博品館從地下B1到4樓都是販賣玩具的地方,5樓以上則為餐廳、辦公室跟博品館劇場。光是從B1到4樓,就讓人看得眼花撩亂,玩具種類非常多,所有你能想到的商品這裡都有,而且還可以退稅,也因為如此,銀座博品館裡面總是遊客滿滿。

❶ 位於銀座的老字號玩具商場 ❷❸
這裡可以找到各式玩具禮品

213

銀座博品館為本店,在成田機場第一航廈 4 樓、羽田機場國際線航廈 5 樓都設有分店。不過,銀座博品館本店的玩具數量最為豐富!

帶孩子來東京買玩具,可以買到許多最新的玩具

🔍 銀座博品館

位置　　〒 104-8132 東京都中央区銀座 8-8-11
電話　　03-3571-8008
營業時間　11:00 ～ 20:00,無休息日
退稅服務　可辦理退稅

官網　　　　　地圖

賣場內也有電梯喔

🚃 交通指南

東京地鐵銀座線、丸之內線、日比谷線到銀座站 A2 出口,走路 5 分鐘(A8 為電梯出口)
東京地鐵銀座線到新橋站出口 1(樓梯),走路 3 分鐘,也有地面連通電梯

　　　銀座站內部圖
　　　　　　　　　　　　　(A8 為電梯出口)

　　　新橋站內部圖
　　　　　　　　　　　　　(有電梯出口)

原宿 Kiddy Land

キデイランド原宿

在東京最新時尚的表參道、原宿地區，有一間非常受到歡迎的人氣名店——「Kiddy Land 原宿店」。這裡以人氣卡通人物為主題，設計出地下 1 樓到 4 樓的賣場，裡面共有史努比、迪士尼、Hello Kitty、跟懶懶熊 Rilakkuma 的專賣區，有許多非常可愛的卡通動漫商品跟周邊商品，很適合親子一起來逛。

整個表參道、原宿地區就非常好逛了，從 JR 原宿站一出來往表參道走，可見一整排的餐廳與商店，請準備好體力來這邊好好逛街吧！

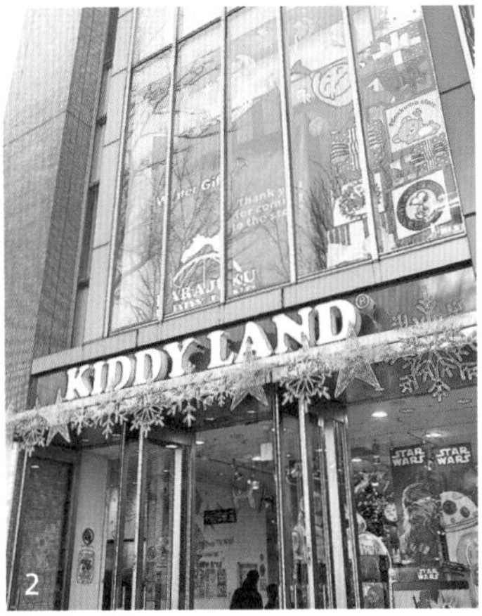

❶❷ 位於原宿大街上的 Kiddy Land 商場
❸ 店內商品豐富

原宿 Kiddy Land

地址　〒 150-0001 東京都渋谷区 神宮前 6-1-9

電話　03-3409-3431

營業時間　11：00 ～ 20：00

尿布檯　11:00-20:00

官網　地圖

交通指南

從東京地鐵千代田線、副都心線到明治神宮前〈原宿〉站下，步行 3 分鐘

JR 山手線原宿站下，步行 7 分鐘

東京地鐵銀座線、千代田線、半藏門線到表參道站下，步行 10 分鐘

明治神宮前〈原宿〉站內部圖
（千代田線 2 號出口為電梯）

表參道站內部圖
（B3 出口設有電梯）

東京晴空塔 Solamachi

東京ソラマチ

　東京晴空塔裡面除了可供參觀的晴空塔、墨田水族館、東京郵政博物館之外，還規劃了許多商店街與餐廳區域，稱為晴空塔商店街（Solamachi），共有 300 多間店舖，有許多店舖都參與免稅（只要店外標示有 tax-free 標示者皆有），遊客可以多多利用。

　晴空塔商店街從 1 樓到 4 樓都有許多店舖，建議到達時可以拿一份樓層導覽圖，才不會找不到想去的商店。其中適合孩子的商店有：橡子共和國（どんぐり共和国）位於 2 樓 12 番地、Plarail 商店（プラレールショップ）位於 3 樓 3 番地、麵包超人專賣店（アンパンマンキッズコレクション）位於 1 樓 11 番地、迪士尼商店位於 3 樓 7 番地（請注意這間商店目前已經不販賣迪士尼門票）、Tomica 商店（トミカショップ）位於 3 樓 3 番地。

晴空塔是重要地標也是好逛商場

① 有許多日本特色商品 ② 迪士尼商店 ③ 來日本必逛的 LOFT

🔍 東京晴空塔 Solamachi

地址　　〒 131-0045 東京都墨田区押上一丁目 1 番 2

電話　　0570-55-0102

營業時間　10:00 ～ 21:00

哺乳室　尿布檯　嬰兒車可租借　投幣式儲物櫃　10:00-21:00

東京晴空塔站

官網　　　地圖

🚆 交通指南

從上野站或淺草站出發，在淺草站轉搭東武晴空塔線至東京晴空塔站（とうきょうスカイツリー）下車，站內直通晴空塔

搭東京地鐵半藏門線、都營淺草線至押上站下車（從站內就有連通道直達晴空塔）

池袋太陽城專門店街

如果剛好住在池袋，請不要錯過位於池袋太陽城裡面的商場。從池袋站東口出來，往太陽城 60 街道（サンシャイン 60 通り）走去，整條路上一直延伸到池袋太陽城商場裡，滿滿的都是商店跟餐廳，這裡一直是池袋最多人逛街最熱鬧的地方。

池袋太陽城雖然是 1973 年就完成的建築，但一直不斷在更新，進駐許多極具活力的品牌，所以這裡一直是流行中心，也是非常適合來採購的地方。整個池袋太陽城裡，除了

池袋王子大飯店、水族館、滿天天文館、池袋餃子博物館（2 樓，位於 Namja 裡）、池袋古老東方博物館跟展望台（2016 春再度開館）之外，就是滿滿的商店跟餐廳了。

在這裡的商店區名稱為 ALPA，集中在 B1 ～ 2 樓，3 樓主要是餐廳。雖然兒童衣飾品牌不是很多，但卻是大人跟小孩一起逛街吃飯的好去處，如果剛好來池袋可以來此逛逛。

❶ 熱鬧的池袋太陽城　❷ 池袋太陽城有許多好逛好吃的　❸ 這裡可以買到包姆與凱羅商品

🔍 池袋太陽城專門店街

官網　地圖

地址　　〒 170-0013 東京都豐島區東池袋 3-1-1
電話　　03-3989-1111
營業時間　10:00 ～ 20:00

哺乳室　尿布檯　嬰兒車可租借　投幣式儲物櫃　10:00-20:00

🚌 交通指南

搭到池袋站，從東口出站，再步行到池袋太陽城大廈即可

埼玉新都心 COCOON CITY 購物中心
コクーンシティ

　　如果剛好帶孩子去大宮鐵道博物館，非常推薦回程時順道來位於埼玉新都心的 COCOON CITY 購物中心喔！這間大型購物商場總共有三棟大型建築，裡面的購物品牌琳瑯滿目，所有能想得到的品牌這裡幾乎都有，而且空間又大又寬廣，嬰兒車非常好推，行走非常方便唷！

　　要到 COCOON CITY，從上野 JR 站搭 JR 東北線到大宮站之前，有一站叫埼玉副都心站（さいたま新都心），在這站下車後，出了閘口往右轉。因為埼玉副都心站與大宮站只相隔一站，離上野只有三站的距離，大概 20 分鐘車程就能回到上野，雖然地址已經是埼玉縣，但從東京過去即到達真的很方便！

　　COCOON CITY 總共分 1、2、3 館，每一館都有其特色品牌，雖然不像 outlet 都是國外精品品牌，但想要逛日本服飾、雜貨（這裡日雜店很多）、H&M、Uniqlo、無印良品、Forever 21、Yodobashi 電器行、紀伊國屋書店等這裡都有，餐廳種類也非常多，如果行程順路，請務必來這邊逛逛！

❶大型購物中心 COCOON CITY

② COCOON CITY 共有 3 館
③ 非常寬敞好逛

🔍 埼玉新都心 COCOON CITY 購物中心

地址　　　〒 330-0843 埼玉県さいたま市大宮区吉敷町 4 丁目 263-1
電話　　　048-601-5050
營業時間　10：00 ～ 21：00

 哺乳室
 尿布檯
 嬰兒車可租借
 投幣式儲物櫃
 10:00-21:00

官網　　　　　地圖

離上野跟鐵道博物館很近

🚇 交通指南

從上野搭 JR 東北線到さいたま新都心站，出閘門右轉即是

Seria、3 coins、Flying Tiger Copenhagen

　　日本不僅有許多嬰幼兒用品專門店，就連在百元商店裡也能找到便宜又好用的育兒用品。舉凡給兒童的玩具、餐具、用品等，仔細挑選過後，也能發現品質不錯且價格實惠的用品。以下特別推薦東京常見的百元商店，有機會遇到時，可千萬不要錯過。

Seria （100 日幣均一）

　　Seria 的店面明亮，清新的色調看起來很舒服，賣場內能找到許多實用的餐廚用具，同時也有許多女性喜愛的小雜貨、手作商品等，種類齊全。這裡比較值得入手的育兒物品為水杯、跟動漫合作的商品，例如熊本熊的周邊商品、米奇米妮的的餐具等，花 100 日幣，買個喜歡的卡通人物商品，非常划算！

東京分店查詢

推薦店舖：上野 0101 店（7 樓）、東池袋店

❶ 每件商品都是 100 日幣的 Seria ❷ 熊本熊系列商品 ❸ Seria 店面很舒服 ❹ 幼稚園要用的貼紙 ❺ 迪士尼系列餐具也是 100 日幣

3 coins（300 日幣均一）

3 Coins 是以 300 日幣為均一定價的百元商店，旗下品牌有 3coins ooops、3coins+plus、3coins station、smart life market、colle 等，許多店都開在車站連通道路上，店鋪不大，但內容物包羅萬象，以下推薦的三家為大型的店鋪。產品比較有設計感，髮飾、飾品不少，商品偏女性風格，也是間很能挖寶的店。不過，這間店育兒產品比較少，主要以家用雜貨為主。

東京分店查詢

> 推薦店鋪：LUMINE 新宿店（3 樓）、LUMINE 池袋店（5 樓）、池袋太陽城商場店（B1）

❶ 300 日幣均一　❷ 有不少餐廚用品可挖寶　❸ 也有生活用品

Flying Tiger Copenhagen（依物品不同價格從 100 ～ 1000 日幣都有）

Flying Tiger Copenhagen 是來自丹麥的連鎖百元雜貨商店，來日本開店時造成轟動。其中的商品都非常具有北歐風，也有帶幽默感的商品，色彩繽紛，價格也平易近人。裡面有不少育兒用品，從木製玩具、繪畫顏料、繪本、兒童用的雨衣、雨傘、文具等包羅萬象，要花點時間好好來此逛逛，就能挖到許多便宜又好用的寶物喔！

東京分店查詢

推薦店舖：吉祥寺店、表參道店、新宿 Flags 店（3 樓）

❶ 來自北歐的雜貨店 ❷❸ 其中有不少色彩繽紛的兒童玩具 ❹ 這裡很適合爸媽來為孩子尋寶

東京藥妝店購買必備兒童用品

　　來到日本，大部分遊客都會去逛藥妝店，而日本藥妝店密集度非常高，當然產品也是琳瑯滿目，到底爸媽要怎麼幫孩子挑選呢？有一個很重要的指標為日本醫藥品分類制度。

東京有非常多藥妝店

日本醫藥品分類制度共分為三種：

日本醫藥品分類制度	適合對象	適用藥品定義
第一類醫藥品	須持處方籤購買，由專業藥劑師販售	可能引起副作用，在使用安全上須注意
第二類醫藥品	藥品或許有副作用，販售人員會特別提醒	幾乎對身體沒有危害，但須提醒使用注意
第三類醫藥品　兒童藥品請選這種	一般人都可購買	無副作用，大人小孩皆可購買使用（此類藥品兒童可用）

　　就一般藥妝店來說，如果是能讓消費者自由選取的開架商品，為第二、第三類醫藥品，其中，適合嬰幼兒的則為第三類醫藥品。所以在替孩子選購時，務必要檢視藥品上是否有標註「第三類醫藥品」的字樣，才不會誤買到大人專用產品。

好用又安心的日本兒童藥品推薦

品名	製造公司	功效	價格區間
新表飛鳴 S 細粉 新ビオフェルミン S 細粒指定 醫藥部外用品	武田藥品	表飛鳴是歷史悠久的健胃整腸聖品，為 3 種活性乳酸菌，能幫助腸胃功能健全。這款 S 細粉特別研磨成粉狀，方便兒童加入飲食內使用。此款是用於 3 個月以上嬰兒使用。	850 ～ 1000 日幣不等
池田模範堂寶寶專用蚊蟲 止癢軟膏 ムヒ ベビー 第三類醫藥品	池田模範堂	蚊蟲叮咬後止癢使用。不含類固醇跟酒精，通常是比較小的嬰兒用這款，大一點的嬰兒在外出時可用止癢液。1 個月以上的嬰兒即可使用。	700 ～ 800 日幣不等
池田模範堂寶寶專用蚊蟲 止癢液 液体ムヒベビー 第三類醫藥品	池田模範堂	蚊蟲叮咬後止癢使用。不含類固醇跟酒精，這款方便外出攜帶使用。3 個月以上的嬰兒即可使用。	400 ～ 600 日幣不等
池田模範堂麵包超人止癢貼片 ムヒパッチ A 第三類醫藥品	池田模範堂	非常可愛的麵包超人外包裝，一看就知道是兒童專用。適用於蚊蟲叮咬後防止小孩抓破皮，又能止癢，屬於圓形黏貼式產品。1 歲以上小孩適用。	38 貼 500 日幣左右 76 貼 850 日幣左右
退熱貼（無醫藥品分類）	小林製藥 池田模範堂	當孩子發燒或中暑時，退熱貼非常方便。在日本購買會比台灣購買來得便宜。最著名的為小林製藥的退熱貼。池田模範堂的麵包超人退熱貼非常可愛喔！6 個月以上小孩適用。	依片數價格不同

品名	製造公司	功效	價格區間
大正口內炎貼片 A **口炎パッチ大正 A** 第三類醫藥品	大正製藥	適用於嘴破時貼上保護使用。一次一片，每天四次。本品不能食用，藥效沒了之後，一定要取出丟棄。5 歲以上小孩適用。	700 ～ 800 日幣不等
小林製藥喉嚨止痛噴劑 **のどぬ～るスプレー** 第三類醫藥品	小林製藥	喉嚨痛嘴破時，可使用舒緩的清涼噴劑。孕婦、哺乳中請勿使用。2 歲以上小孩適用。	價格不同 小罐 8ml 約 850 日幣
兒童牙膏、牙刷、牙線	獅王 LION Combi Sunstar 等	許多日本廠商都有製作販賣兒童牙膏、牙刷，最為人熟知的則為獅王，但也可以參考其他嬰幼兒品牌，例如 combi 等。另外，Sunstar 有出產巧虎牙膏、獅王有出米奇牙膏、麵包超人牙膏等。 牙線則可以至阿卡將購買 1.5 ～ 3 歲兒童專用牙線。	價格依產品不同
可愛 OK 繃ムヒパッチ A	池田模範堂等	ok 繃其實不限定年齡使用，但日本就是能找到許多非常可愛的卡通圖案 ok 繃，也能在孩子受傷需要貼 ok 繃時得到一些心靈撫慰。	價格依產品不同

日本亞馬遜購物 Amazon.co.jp、樂天

　　帶孩子來日本旅遊，總少不了想採買一些物品，但有時想買的東西分散各地，卻又有行程要走，不一定有機會或有時間能到達現場採買，這時可以事先利用日本便利又發達的網購直接寄送到飯店，來幫助爸媽一臂之力。

　　一般比較常用的是日本亞馬遜（amazon.co.jp）跟樂天市場。我個人比較習慣用日本亞馬遜，因為收貨時間大部分能指定，這樣也不會給飯店帶來麻煩。樂天市場因為是各個店家直接經營，雖然寄貨速度也很快，但不好控制到達時間。

　　我比較習慣在日本亞馬遜網站購物，花少少的費用指定日期跟時間到達（另加價可指定時間到達），先寫 email 給飯店確認是否

可以收件，確認好再指定入住時間送達，這樣也不會造成飯店的困擾。另外，也千萬不要網購太多太大的商品替飯店造成困擾，通常一箱中型的箱子是沒問題的，但如果有好幾大箱，飯店也沒地方保管，真的會造成飯店倉儲困擾，請特別注意。

日本亞馬遜網購非常發達

日本亞馬遜
www.amazon.co.jp

在日本亞馬遜網站設定新帳號很簡單

1　上日本亞馬遜網站後登入會員後就能購物了。登入過程不難，只要找到「サインイン」這個黃色的按鈕按下，輸入新 email（E メールまたは携帯番号）之後，再選擇初次利用（初めて利用します），按下サインイン即可。

2　之後會跳出一個輸入簡易資料的頁面，照著圖片上的順序填入姓名、フリガナ（也就是你姓名的片假名，可以直接拷貝フリガナ貼上）、接著輸入 email 跟密碼兩次，再按下面的黃色按鈕，就能夠開始購物了。

一步一步填好相關資料就行

Tips

想輸入正確的中文姓名片假名（フリガナ），可以到 dokochina.com 網站輸入就能輕鬆轉換囉！
dokochina.com/
katakana.php

3 日本亞馬遜上面的貨物大部分都是日本亞馬遜發送，但有一部分是由店家自行寄送，產品的網頁上，若從 amazon 直接寄送會標註「この商品は、Amazon.co.jp が販売発送」，也就是這項商品是由亞馬遜販賣，會從亞馬遜倉庫直送，比較好控制到達時間。有時由其他店家寄送，時間可能會拖上一個禮拜，如果你太晚下單，到離開日本時貨物都還沒收到，到時就很麻煩。所以建議如果想要在日本亞馬遜購物，先寫信詢問飯店是否方便代收包裹，得到回音後，至少在到達日本前一週下單，並且指定到達時間，再告知飯店包裹將會於何時到。

亞馬遜倉庫直送貨品會註明

特別注意，購物時請千萬不要選擇長期訂購按鈕（定期おトク便で注文），有些品項會提供定期寄送服務，但這是住在日本的人才能使用的服務！如果只需要購買一次，選擇一般下單（通常の注文）即可。

千萬不要選擇到長期訂購按鈕

選完想要買的產品想結帳，點選右上角的カート，之後按照順序結帳即可。

4 先輸入左邊飯店地址，收件人務必寫你當初預定住宿的名字（英文名就寫英文，中文名寫中文）。另外，在飯店地址上寫 check in 幾月幾號，飯店比較方便找到你的入住資料，幫你收包裹，否則有可能找不到而退回去喔！（所以事先告知飯店並徵求同意收包裹非常重要！）如果包裹體積比較小，又知道飯店附近的便利商店，可以直接寄送便利商店收取，之後請列印憑證出來去領取即可。

発送オプションと配送方法を選んでください

可以預約寄送時間

5 接著輸入配送方式選擇，如果你提早下單（一週前），可以放心選擇「通常配送」，一般建議還是選擇「お急ぎ便」（快遞）或者「お届け日時指定便」（指定日期送達）即可。後兩種會被收取些許費用，但也比較安心。不過，第一個選擇「Amazon Premium でお急ぎ便が無料に」建議不要選擇，因為會被收取 Amazon Premium 會員一年費用！

6 之後輸入信用卡資料，最後按黃色的「次に進む」，會跳出頁面問你要不要包裝，都選擇不要後即完成購物手續。

樂天市場

www.rakuten.co.jp

在日本樂天市場購物的順序流程也是一樣。只不過日本樂天市場是由各個店家自行負責收單出貨，到貨時間比較難以控制，而且有些店家不願意收非日本的信用卡。建議還是以日本亞馬遜（亞馬遜自行發貨的貨品）為主，品質也比較有保障。如果真的對日本很熟，本身也會點日文，再使用樂天市場購物比較好。

Tips

日本亞馬遜明文規定無法直接寄送機場，樂天市場需要看店家是否願意多出郵資幫你寄送機場。需要事先跟店家寫信確認，否則有可能會被取消訂單喔！

淺草寺與仲見世通

　　淺草寺為東京最古老的寺廟，同時也是東京最著名的地標之一。許多人來到東京，都會特別到淺草寺的雷門跟大燈籠拍照，再沿著仲見世通的商店街慢慢邊逛邊品嚐當地小吃，一直到進入淺草寺參拜。這個行程也很適合帶孩子來，只是淺草寺與仲見世通經常人潮擁擠，要小心看好孩子。建議可以早上提早來這裡，比較能跟人潮比較少的雷門拍張合照。

Tips

來淺草也能租和服體驗傳統風情，有些和服體驗店也備有小孩子的和服。無論是租用大人或是孩子的和服，都必須要先跟店家 email 聯繫預約，以免撲空。

以下為位於淺草區備有兒童和服的店家：
Sakura 和服體驗
http://www.sakuraphotokimono.com/

❶ 受觀光客歡迎的淺草寺雷門　❷ 淺草觀音寺為該地區信仰中心　❸ 可以來此抽籤　❹ 來淺草寺附近可以搭人力車觀光

　　仲見世通裡的商店都是悠久老店，例如木村家本店的人形燒、三鳩堂的人形燒、舟和芋羊羹、浅草きびだんご あづま的日式麻糬丸子、浅草ちょうちんもなか的最中餅冰淇淋、金龍山的淺草餅等。轉進淺草寺左手邊的西參道，還有花月堂的大波羅麵包在跟你招手。到淺草寺參拜後也可以來抽籤，如果抽到凶籤也不用擔心，因為淺草寺抽出凶籤的機率很高，將凶籤綁在這邊就能逢凶化吉啦。

⑤ 抽到不好的籤可以綁在這裡 ⑥ 仲見世通有許多商店
⑦ 可以來此品嚐在地小吃

5   6   7

🔍 淺草寺與仲見世通

地址　　〒 111-0032 東京都台東区淺草 2-3-1

電話　　03-3842-0181

營業時間　雷門全年開放
　　　　淺草寺廳堂開放時間 6：00 ～ 17：00（10 月至 3 月到
　　　　18：30 分）；仲見世通開放時間不一，約為 9：00 ～
　　　　19：00

官網　　　　　　地圖

1 號出口離雷門最近

🚃 交通指南

東京地鐵銀座線到淺草站、都營淺草線到淺草站（請注意東京地鐵跟都營地鐵的淺草站為各自不同的站）

淺草站內部圖

阿美橫町
上野アメ横

阿美橫町聚集了許多商店，其中包括食物、生活用品、服裝、餐飲等。這裡的生鮮食品店以海鮮為主，也有販賣零嘴點心的商店，最著名的商店為「二木の菓子」，不僅便宜，品項又多。這裡也有不少便宜藥妝店，阿美橫町的OS DRUGS（OSドラッグ）藥妝常常會出現低價好貨，除此之外，也有很多人會專程來這裡買衣服、鞋子。這裡也是尋找美食的好地方，難怪阿美橫町是觀光客最喜歡來逛的商店街之一。

官網

地圖

阿美橫町

地址　東京都台東区上野 6-10-7

時間　各商店不同

交通指南

JR 上野車站或御徒町車站徒步 1 分鐘

❶ 受觀光客喜愛的阿美橫町　❷ OS DRUGS 藥妝價格便宜　❸許多觀光客來此購物

延伸景點

淺草文化觀光中心（浅草文化観光センター）

逛完淺草寺與仲見世通後，請務必來雷門正對面的淺草文化觀光中心看看。這間「淺草文化觀光中心」，建築本體由日本建築大師隈研吾所設計，融合傳統與新時代思維，跟古老的淺草街區融為一體。1 樓為觀光詢問處，有任何關於淺草區觀光的問題在此可找到解答。搭電梯到 8 樓的展望陽台，可以飽覽淺草寺與仲見世通的美景，非常特別。也能在旁邊的咖啡廳邊享用飲料邊欣賞美景，非常推薦這個免費的觀景好去處。

❶ 可以來此諮詢觀光相關問題 ❷ 8 樓是眺望淺草寺的好去處 ❸ 展望陽台受遊客歡迎

官網　　　地圖

🔍 **淺草文化觀光中心**

地址　〒 111-0035 東京都台東區淺草 2-18-9

電話　03-3842-5566

時間　9:00 ～ 20:00，8 樓展望陽台直到晚上 22：00（全年無休）

🚆 **交通指南**

就在雷門正對面

哺乳室　尿布檯　9:00-22:00

爆笑似顏繪總本店 淺草雷門店

　　似顏繪是一種把真實人像以誇張漫畫化的繪畫手法，可以將當地的特色風景一起畫進去，是種非常另類有趣的淺草觀光紀念方式。雖然似顏繪商店在日本當地各大城市觀光景點都能找到，但位於淺草雷門旁的這家店為總店，占地也很大。如果來雷門附近，想要帶回不同以往的紀念品，很推薦來這邊跟家人一起畫張紀念畫像，非常可愛喔！

🔍 **爆笑似顏繪總本店 淺草雷門店**

地址　〒 111-0032 東京都台東區淺草 19-3

時間　10:00 ～ 20:00

費用　依人數、顏色、複雜程度而有不同收費標準

10:00-20:00

官網

🚆 **交通指南**

就在雷門正對面

❶ 爆笑似顏繪社長 Kage ❷ 跟孩子最好的東京旅遊紀念 ❸❹ 來淺草畫一張具有紀念價值的似顏繪吧

東京親子餐廳

帶孩子出門玩耍，總少不了要上餐廳吃飯，如果孩子比較大，能自行乖乖坐好，通常到許多餐廳都沒有問題（除了很高級的法國餐廳會明文規定幾歲以下無法招待）。日本餐廳非常人性化，就算是小小孩，需要手上抱著或坐嬰兒車推進去，通常也沒問題，店家都會要求嬰兒車另外要收起來，也會提供嬰兒椅，在這點上面來說，服務非常貼心。

不過，還不好控制的小孩要避開幾種餐廳，例如位置空間很小的拉麵店（有的拉麵店可以帶孩子進去，要先詢問）、非常高級又安靜的壽司店、法國料理餐廳。我帶孩子出門，多半是找百貨公司商場裡的餐廳，通常都能帶嬰兒進去，也提供嬰兒椅，或是一些家庭連鎖餐廳，例如 Jonathan's（ジョナサン）、Royal Host、Denny's、薩利亞（サイゼリヤ）、Coco's。若真的找不到這些餐廳，也會有松屋、吉野家、Sukiya（すき家）、なか卯等隨處可見的連鎖餐廳可以外帶或內用。通常在日本帶小孩用餐，只要先看店內空間是否寬廣，詢問是否可以推推車進去，有沒有嬰兒椅，得到允許之後就能開心的享用美食囉！

如果真的很想要享用拉麵，建議爸媽們可以在非中餐、晚餐時段到東京車站拉麵街一番街，裡面許多店家都可以讓小孩進去！我之前就有帶孩子去品嚐過屺藏跟斑鳩拉麵。

❶ 有許多可愛又好吃的兒童餐點可選擇　❷ 很多餐廳都有嬰兒椅喔　❸ 東京要找適合的親子餐廳不少　❹ 主題兒童餐廣受歡迎　❺ 連鎖餐廳 Jonathan's　❻ 晴空塔利久牛舌免費招待孩子白飯及湯品

來東京培養孩子的
文化氣質

東京不但專門給兒童玩耍的地方很多，也能夠找到許多寓教於樂的書店、博物館等等。另外，如果對於日文童書有興趣，來東京絕對不要錯過到專門童書店挖寶，能找到許多很棒的童書喔！

Book-off 掃便宜童書、貼紙書

Book-off 是日本最大的連鎖二手書店鋪，在日本共開設近一千家，雖然是二手書，但裡面的書看起來幾乎是新的，也販賣不少新書。除了書籍之外，也有 DVD、CD 可供挖寶。

Book-off 的童書區域非常推薦的是便宜又好用的貼紙書，幾乎每間分店都會販售，一本才 100 日幣（未稅），每次去都會掃很多本帶回家。除了貼紙書之外，也有不少勞作摺紙書、畫畫書等，價格都非常便宜，是相當實惠的育兒聖品。

在 Book-off 大型店舖的童書區域，也能找到許多狀況優良，內容又很棒的日文童書，像是台灣所熟知的五味太郎、宮西達也、tupera tupera、三浦太郎。有些店舖也賣不少英文童書，價格也非常實惠！有機會可以來 Book-off 挖寶。

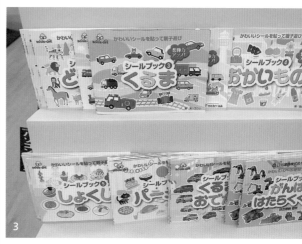

❶ Book-off 是日本最大連鎖二手書店 ❷ 有許多兒童繪本可挖寶 ❸ Book-off 有划算又好用的貼紙書

Book-off 東京都內最方便到達店舖

官網　　　查東京店舖地址

中型店舖

錦糸町樂天飯店 3 樓店舖（ロッテシティ錦糸町店）

地址　　〒 130-0013 東京都墨田区錦糸 4-6-1
　　　　Lotte City 3 樓

電話　　03-5619-8020

營業時間　10:00 ～ 22:00

地圖

🚃 交通指南

JR 總武線、中央線至錦糸町站北口，走路 1 分鐘
東京地鐵半藏門線至錦糸町站（出口 1、4 有電梯）

車站內部圖
（出口有電梯）

大型店舖

秋葉原駅前店

地址　　〒 101-0025 東京都千代田区神田佐久間町
　　　　1-6-4

電話　　03-5207-6206

營業時間　10:00 ～ 22:00

地圖

🚃 交通指南

搭 JR 或東京地鐵日比谷線到秋葉原站，車站內可直接到
達。

大型店舖

池袋太陽城 60 通店（池袋サンシャイン 60 通り店）

地址　　〒 170-0014 東京都豊島区東池袋 1-22-10

電話　　03-5953-2325

營業時間　10:00 ～ 22:00

地圖

🚃 交通指南

搭到池袋站，從東口出站，再步行到池袋太陽城大廈即可

代官山 T-SITE 與蔦屋書店

代官山 T-SITE 是一個在代官山開發的大型商業計畫，總體占地 4000 坪，其中以蔦屋書店為主，裡面也有星巴克、餐廳、相機店、腳踏車店，以及 BørneLund 兒童教具書籍店舖。代官山原本就是許多親子育兒餐廳、小型購物商店的聚集之地，2011 年底代官山 T-SITE 的開設，更為這裡注入了全新活力。特別規劃出許多綠地與開闊的空間，吸引許多日本親子到此造訪。

蔦屋書店位於代官山 T-SITE 裡，可說是全東京最美的書店，開幕至今，都還保持著優雅獨特的地位。造訪過蔦屋書店之後，會被其整體設計感及細節留下深刻印象，既低調又獨特的特色，在所有書迷中是獨一無二的必訪朝聖之地。

蔦屋書店裡，除了以大人為導向的書籍之外，在 2 樓還有一塊專門為孩子打造的童書區。這裡雖然安靜，但所有的選書都很有質感，也常看到日本父母帶著孩子看書，有機會來代官山，請務必要來蔦屋書店走一趟，帶孩子學習如何優雅跟感受設計感，也是很好的美感教育。

❶ 代官山的地標太陽能花　❷ 代官山有不少育兒用品店　❸ BørneLund 兒童教具書籍店　❹代官山的文化地標：蔦屋書店

🔍 代官山 T-SITE 與蔦屋書店

地址　　〒 150-0033 東京都渋谷区猿楽町 17-5
電話　　03-3770-2525
營業時間　早上 7：00 ～ 22：00，其他店舖各有不同

代官山 T-SITE　蔦屋書店
官網　　　　　官網　　　　　　地圖

🚊 交通指南

搭東急東橫線到代官山站下車，走路 8 分鐘

哺乳室　尿布檯　07:00-22:00

Crayonhouse 複合式親子書店餐廳

位於吉祥寺的 Crayonhouse（蠟筆屋），是日本知名作家落合惠子開設的複合式童書店。從 B1 到 3 樓，蒐羅了許多童書、幼兒玩具、女性為主的書籍，在 B1 還設立了有機野菜市場、有機飲食餐廳、咖啡廳等，一整棟的 Crayonhouse 打造成女性與孩子的天堂，可以在裡面悠閒的坐下來看書、品嚐有機餐點跟喝咖啡。

如果想帶孩子來慢慢看書，可以選擇 Crayonhouse，在童書區都設有桌椅，孩子們能無憂無慮的沉浸在書香世界中。書籍以日文書為主，不過內容包羅萬象，想買任何類型的童書這裡都可買到。另外，店內也非常貼心設置了育嬰室跟哺乳室，帶著襁褓中孩子的媽媽來這邊也不用擔心。

書店裡的有機餐點餐廳也是東京親子人氣好去處，許多媽媽會特別來這邊選購有機蔬菜，如果在樓上看書看累了，也可以到餐廳喝杯咖啡、吃塊蛋糕，休息一下喔！

❶ 歷史悠久的親子書店餐廳 ❷ 輕鬆舒服的空間 ❸ 可選購有機野菜 ❹ 餐廳以有機飲食為主

🔍 Crayonhouse複合式親子書店餐廳

官網　　　地圖

地址　　〒 180-0004 東京都武藏野市吉祥寺本町 2-15-6

電話　　04-2227-2114

營業時間　賣場 11：00 ～ 19：00，餐廳有分午晚餐、下午茶時段，直到晚上 21：00

哺乳室　　尿布檯　　11:00-19:00

🚇 交通指南

JR 中央線吉祥寺站，走路 6 分鐘

吉祥寺站內部圖

銀座教文館
きょうぶんかん

　　銀座教文館是於 1885 年創業的百年書店，座落於繁華的銀座區裡，一百多年來靜靜地提供這區文化心靈上的知識。在 6 樓有一個名為「納尼亞王國（ナルニア国）」的兒童書區，收藏了一萬五千冊日文童書，書店內還有展覽區，不定期展出跟童書有關的繪畫展。這裡算是東京非常老字號的童書區，如果剛好來銀座地區，也可以來此選購童書給孩子。

❶ 老字號的銀座教文館 ❷ 童書區位於 6 樓的納尼亞王國 ❸ 有各式主題分類童書方便尋找 ❹ 6 樓的童書專區

🔍 銀座教文館

地址　　　〒 104-0061 東京都中央区銀座 4-5-1 兒童書區
　　　　　納尼亞王國在 6 樓

電話　　　03-3563-0730

營業時間　6 樓童書區 9：00 ～ 19：00

官網　　　　　地圖

🚃 交通指南

東京地鐵銀座線、丸之内線、日比谷線到銀座站 A9 出口，走路 3 分鐘（A8 為電梯出口）

銀座站內部圖
（A8 為電梯出口）

東京博物館通票
ぐるっとパス

　東京有一款非常優惠的博物館通票（ぐるっとパス），只要 2500 日幣，就能參觀東京 100 多間公私立美術館，享有博物館免費入場或是入場折扣。使用時間限制為第一天啟用之後的兩個月內，但是東京各大博物館入場票價多半為 500 日幣起跳，使用它逛四間以上博物館就值回票價了。如果剛好想帶孩子去參觀許多東京博物館或美術館，可以考慮購買這本東京博物館通票，真的非常優惠喔！

　裡面的 100 多間博物館，部分出示通票為免費入場（僅能使用一次，會將通票內該博物館的票券撕去）。另外，這本通票是記名制，需在第一次使用時寫下名字，不能轉讓他人使用，請特別注意。目前也可以購買網路版本，詳情請見官網。

每年 4 月開始發售的東京博物館通票

發售期間　每年 4 月 1 日到隔年 1 月 31 日
售價　　　2500 日幣（僅有成人票價）
有效期間　從啟用的第一天開始，有效期限 2 個月
販售地點

1. 所有參與的博物館售票口

2. 東京觀光情報中心（新宿都廳第一本廳舍 1 樓）
LIBRO 汐留 sio-site 店、調布店 /PARCO 渋谷店、吉祥寺店 / 上野公園詢問處 / 淺草文化觀光中心 /
TIC TOKYO（東京車站日本橋口）等地方。

3. 可於官網直接購買網路版。

官網

所有參與
博物館名單

總共有 100 多間博物館參與

利用東京博物館通票非常划算

上野國立科學博物館
国立科学博物館

雨天ok！

私房景點

鄰近景點　★上野動物園　★淺草寺與仲見世通、阿美橫町　◎東京大學　◎國際兒童圖書館

如果孩子喜歡恐龍，一定不能錯過位於上野恩賜公園裡的國立科學博物館。這裡有世界上保存狀態最好的三角龍實物化石標本，蒐羅極為豐富的化石群，還有各式大型野生動物的標本，著名的忠犬八公標本也在這裡喔！

國立科學博物館是日本首屈一指的綜合科學博物館，位於上野恩賜公園裡的國立科學博物館為本館，在東京，還有位於港區的國立科學博物館附屬自然教育園。本館常設有「日本館」和「地球館」展覽場，日本館館藏是以日本的自然、地理、動物、天文歷史資料為主，詳細介紹日本的生活環境與生物演變，地球館則是以地球所有自然生態為主。兩個館場都蒐羅了非常豐富的資料與館藏，小小孩看到化石跟恐龍會開心不已，大小孩則能利用這個機會好好學習跟地球有關的知識。

❶ 提供科學知識寶庫：國立科學博物館 ❷ 喜愛自然歷史的孩子可以來這邊喔 ❸ 館內有常設展及特別展 ❹ 日本館展示以日本為主題的科學知識 ❺ 有不少恐龍化石標本

地球館蒐羅與地球相關的各種知識

　　在地球館 3 樓，還有一個讓孩子遊樂的區域——「親と子のたんけんひろばコンパス」，可以藉由親子遊樂的過程中，學習到跟地球有關的自然天文知識。這區 0 ～ 12 歲的孩子都可以跟大人一同進去，但設施是為 4 ～ 6 歲孩童而設計，有不同場次，需要抽號碼牌以參加場次，有興趣的人可以多多利用喔！

🔍 國立科學博物館

官網　　　地圖

地址	〒 110-8718 東京都台東區上野公園 7-20
電話	03-5777-8600
營業時間	週二～週日 9：00 ～ 17：00 週一休館

 哺乳室　 尿布檯　 嬰兒車放置場　 餐廳　 咖啡廳　 展場禁止飲食　 停車場　 09:00-17:00　 每週一休

| 年齡 | 0 歲～大人（2 歲以上兒童比較適合） |
| 參觀時間 | 2 ～ 3 小時左右 |

票價

常設展	夜間天体觀察	特別展
• 大學生起 630 日幣 • 高中生以下（含高中生）免費	• 大學生起 320 日幣 • 高中生以下（含高中生）免費	• 依各展覽收費不同

* 夜間天體觀察是否開放，需以官網為準。

🚃 交通指南

JR 上野站下車（公園口出口），步行 1 分鐘
京成電鐵京成上野站下車，步行 7 分鐘
東京地鐵銀座線、日比谷線上野站下車，步行 8 分鐘

JR 上野站內部圖
（出入有電梯）

東京地鐵上野站內部圖
（出入有電梯）

日本科學未來館

鄰近景點　★台場富士電視台　★台場樂高遊樂園　◎東京都水的科學館
◎台場附近景點都能排進來，同時也別忘了安排台場購物行程

❶ 座落於台場的日本科學未來館　❷❸ 這裡也是熱門親子景點

　　日本科學未來館是一個培養孩子對於地球、天文、宇宙與大氣知識的好去處。日本人非常擅長將艱澀的知識轉換成互動遊戲，讓參與者能邊玩邊了解科學的奧秘。若想要啟發孩子的天文宇宙思考能力，非常推薦帶他們來這邊參觀。

　　日本科學未來館的館長是曾於 1992 年登上太空的日本太空人毛利衛先生，他希望以實用與知識兼容並蓄的方式，將宇宙與天文知識，簡單易懂地傳授給參觀者。一進門，就會看到一個巨大的地球模型「Geo-Cosmos（地球宇宙）」，以 1000 萬像素以上的高解析度重現地球於太空的形象，非常的美麗，也是日本科學未來館的鎮館之寶。

　　從 1 樓到 5 樓，則是以各式地球知識組合而成的場域，5 樓主要是宇宙、太陽系與地球上人類的關係為主要展示主題。3 樓將未來科技作為主要展題，在這邊能看到機器人的表演喔！6 樓則是 GAIA 球幕影院，利用 3D 影像放映出宇宙天體的球幕電影，共有三種不同電影，依不同場次，放映不同電影。需要另行預約場次並另外付費，建議入館後先來 6 樓預約想要看的場次，之後再開始逛展場。

④ 地標為地球模型 Geo-Cosmos ⑤ 總共有 7 樓豐富展示空間 ⑥ 能體驗許多新穎科技

🔍 日本科學未來館

地址	〒 135-0064 東京都江東区青海 2-3-6
電話	03-3570-9151
營業時間	10:00 ～ 17:00，週二休館
	年底 12 月 28 日～ 1 月 1 日休館

官網　　　　地圖

哺乳室　尿布檯　嬰兒車可租借　餐廳　展場禁止飲食　投幣式儲物櫃　停車場　10:00-17:00　每週二 12/28-1/1休

年齡	0 歲～大人（4 歲以上兒童比較適合）
參觀時間	2 小時左右
嬰兒車	可租借、可推進去
博物館通票	常設展憑票免費
票價	

大人	18 歲以下	6 歲以下
630 日幣	210 日幣（週六 18 歲以下免費）	免費

＊ 夜間天體觀察是否開放，需以官網為準。

🚃 交通指南

搭乘 JR、地鐵至新橋站 / 汐留站或豐洲站，轉搭百合海鷗號（ゆりかもめ）至テレコムセンター站（Telecom Center）下車，再走過去。

テレコムセンター
車站內部圖
（出口有電梯）

三菱未來技術館
三菱みなとみらい技術館

雨天ok! 私房景點

鄰近景點　★ 橫濱杯麵博物館　★ 橫濱麵包超人博物館　◎ 橫濱 Nissan Gallery
◎ 三菱未來技術館、橫濱 Cosmo World、橫濱紅倉庫、港未來 21、MARK IS 購物商場等

　　三菱未來技術館是由日本三菱重工所設立的科學技術博物館，不僅展示三菱重工的研發技術，更展示宇宙、能源建築等與人類生活相關的頂尖科技。2015 年 11 月，三菱重工的國產火箭 H-IIA 再度發射成功，也代表了日本太空科技的一大進步，帶孩子來到三菱未來技術館，更能了解日本太空科技的科技奧妙。

❶ 位於橫濱的三菱未來技術館　❷ 也有專屬的太空人區域　❸ 由三菱公司設立的博物館　❹ 三菱的太空技術領先全日本　❺ 館內有許多豐富設施　❻ 有許多能動手操作的地方

館內展出實物火箭引擎、飛機、電車等模型，還可以直接進入模擬電車、直升機駕駛艙內，也可以體驗太空人訓練的相關設施。對於喜歡科學、宇宙的孩子們來說，是個值得去的好地方。這裡離橫濱 MARK IS 大型商場很近，可以安排在同一天參觀。

❼ 能參觀跟航太有關的設施
❽ 能試開太空梭

🔍 三菱未來技術館

官網　　地圖

地址　　〒 220-8401 横浜市西区みなとみらい三丁目 3 番 1 号
電話　　045-200-7351
營業時間　平日 10：00 ～ 15：00、假日 10：00 ～ 16：00
　　　　　週二、三休館，年底休館

尿布檯　｜展場禁止飲食｜停車場｜10:00-15:00 10:00-16:00｜每週二、三 年底休館

年齡　　0 歲～大人（2 歲以上兒童比較適合）
參觀時間　2 小時左右
嬰兒車　　可推進去、可寄放櫃台
飲食　　　無，展覽區禁止飲食
票價

大人	國、高中生
500 日幣	300 日幣
小學生	小學生以下
200 日幣	免費

【入館券 兼 領收書】

15-03-02　　当日限り 有効
大人　　　　¥500-
01　16:05　　21336

入場券

🚃 交通指南

搭 JR 到横濱站，換成港未來 21 線（みなとみらい線）至港未來站（みなとみらい）下車，走路 6 分鐘

JR 到櫻木町站下車，北口出站，走路 10 分鐘

橫濱杯麵博物館
カップヌードルミュージアム

 雨天ok! 人氣景點

 鄰近景點 ★橫濱麵包超人博物館 ◎橫濱 Nissan Gallery
◎三菱未來技術館、橫濱 Cosmo World、橫濱紅倉庫、港未來 21、MARK IS 購物商場等

日清杯麵不僅是劃世代的發明,更是創辦人安藤百福先生不屈不撓發明精神的結晶。日清杯麵首先於 1999 年在大阪設立了日清泡麵發明紀念館(インスタントラーメン明記念館),之後於 2011 年在橫濱創辦了杯麵博物館,兩間的展覽內容大致相同,不過橫濱的杯麵博物館占地更廣,也都有杯麵工廠製作跟雞湯拉麵製作的手動參與區域。

橫濱杯麵博物館總共有 5 樓,以五個展區為主,集中在 2、3 樓,4 樓為 Noodles Bazaar 麵條街及兒童遊戲區,5 樓則是辦公區域。

展區設計以安藤百福的發明理念及創造力為主,另外也展出日清泡麵的歷史牆。其中很有趣的是創造思考廳,希望參觀者能從中獲得啟發,發明更多更好的東西造福人類。

杯麵製作工廠及雞湯拉麵製作工廠位於 3 樓,現場可以直接排隊體驗製作屬於自己的杯麵,從自行繪畫杯麵碗、裝麵、選料到最後包裝,參與杯麵從無到有的過程,很有紀念價值。雞湯拉麵製作工廠體驗需先行預約,參加年齡限制最小為國小學生,如果孩子的年齡可以體驗,請務必不要錯過,也是很棒的經驗喔!

4 樓的 Noodles Bazaar 麵條街很值得去逛逛,裡面蒐羅了世界各國的麵類,能用 300 日幣品嚐小碗的各國麵類。4 樓另外一區為 Cup Noodle Park 兒童遊戲區,限定 3 歲～國小生年齡的孩子遊玩,其中,以泡麵製作為概念的兒童遊戲區,也是此處才能體驗到的獨家設計。

最後,別忘了在 1 樓紀念品販售店選購紀念品,種類很豐富,也很適合當伴手禮喔!

❶ 橫濱杯麵博物館是人氣景點 ❷ 擁有廣大展示區的橫濱杯麵博物館 ❸ 以創造發明為主題的博物館 ❹ 這區可以啟發孩子的想像力 ❺ 杯麵製作工廠可以手繪拉麵杯

⑥ 雞湯拉麵製作工廠
⑦ Noodles Bazaar 能品嚐各國麵食

🔍 橫濱杯麵博物館

地址	〒 231-0001 橫浜市中区新港 2-3-4
電話	045-345-0918
營業時間	平日 10：00 ～ 18：00（最後入場 17：00）
休館日	週二，若剛好遇到國定假日，隔一天休館。年底及元旦休館。

官網　地圖

 哺乳室　 尿布檯　 嬰兒車放置場　 餐廳　 展場禁止飲食　 停車場　 10:00-18:00　 每週二休

年齡	1.5 歲～成人（會走路比較適合探索，小嬰兒也能進去）
參觀時間	2 小時左右
嬰兒車	可推進去、有放置場
入場費	

大學生以上的成人	高中生以下
500 日幣	免費
參加杯麵工廠製作	雞湯拉麵工廠製作
一個 500 日幣（不需預約）	小學生 600 日幣 /國中生 1000 日幣（須事先官網預約）

Tips

若想要預約雞湯拉麵工廠製作，建議可以先在網路預約。若想要當日預約，請早一點入場，先至 3 樓詢問是否尚有名額能加入。

🚌 交通指南

從東京車站搭 JR 東海道線、JR 橫須賀線到橫濱站轉港未來線（みなとみらい線），到馬車道或みなとみらい站下，再走路過去

從池袋、新宿搭 JR 湘南新宿線到橫濱站轉港未來線（みなとみらい線），到馬車道或みなとみらい站下，再走路過去

或由上野、東京車站搭 JR 京浜東北線到橫濱站轉港未來線（みなとみらい線），到馬車道或みなとみらい站下，再走路過去

みなとみらい車站內部圖

警察博物館

 雨天ok! 私房景點

 鄰近景點　◎皇居外苑　◎銀座博品館　◎銀座教文館

東京的博物館琳瑯滿目，其中有一間離銀座不遠，位於京橋區的警察博物館，真的是由日本警視廳所開設的博物館，2017年4月份剛重新整修完成，而且入場免費！更重要的是，東京警察博物館很適合各個年齡層，就算小孩來到這裡，也會玩得相當開心！

其實東京警察博物館早在1987年就已經開幕，於2017年才重新整修完工。整修後的警察博物館外觀變得非常帥氣，跟之前樸素的外觀比起來，現在的警察博物館灰白色帶有設計感的外牆，絕對讓你經過時就很想走進去參觀。門口停放的一輛黑白相間警車，也會讓孩子一看到就被吸引住目光，想牽著爸媽的手走進去一探究竟。

讓小朋友變身小小警察

警察博物館總共有6層樓，每層樓都有不同主題。一入口的1樓，停放了幾輛警用機車，還有古董級的紅色警用機車，並展示日本警察首架直升機「春風1號」，非常吸睛。而且這裡也有能讓小孩換上警察制服拍照的區域，只要排隊登記就能免費體驗，還能跟1樓這些又帥又酷的警用車輛們一起合照喔！

❶ 門口停放一輛帥氣警車 ❷ 古董紅色警車很稀有 ❸ 小朋友可以變裝成警察喔 ❹ 2樓的街道展示區 ❺ 十分精緻的日本派出所模型 ❻ 詳細介紹鑑識科的工作 ❼ 有許多互動裝置可以玩 ❽ 也有適合小小孩體驗的區域

2 樓以「守護人與街道」為主題，將警備系統與警察如何佈署在一般街區，保護平民百姓的安全，以模型展示的方式清楚地傳達給參觀者，並且也有讓小孩玩的互動裝置。

3 樓以「事故、事件解決能力」為主題，將警察在犯罪現場、事故現場如何採證、搜查，以互動裝置讓民眾知道。雖然內容聽起來硬梆梆，但其實設計出來的互動遊戲還滿好玩的，例如能親自比對犯人的足跡、輪胎印等等；也能學習鑑識科如何找出科學證據的方式，不妨帶孩子在這層樓停留多一點時間。

4 樓以目前日本警視廳的裝備展示為主，屬於比較靜態的展示樓層。5 樓則是以警察的發展歷程為主題，從日本警視廳草創期至今，並介紹一些轟動日本社會的重大刑案，例如「3 億日圓事件」和「淺間山莊事件」；而 6 樓為活動大廳。要特別注意的是，除了 1 樓到 3 樓可以拍照，其他從 4 樓到 5 樓則不能照相，須請參觀者配合。

❾ 鉅細靡遺的介紹警察裝備 ❿ 互動遊戲裝置不少 ⓫ 年紀稍大的孩子可自行參與操作

🔍 警察博物館

地址	104-0031 中央区京橋 3 丁目 5 番 1 号
電話	03-3581-4321
營業時間	9：30 ～ 16：00
休館日	每週一、12 月 28 日～ 1 月 4 日

官網　　地圖

年齡	全年齡適合
參觀時間	2 小時
嬰兒車	可推進去
入場費	免費

哺乳室　尿布檯　嬰兒車放置場

9:30-16:00　每週一休

🚃 交通指南

東京地下鐵銀座線「京橋駅」下車，2 號出口
都營淺草線「宝町駅」下車，A4 出口

銀座線「京橋駅」車站內部圖（2 號為電梯出口）

外牆全新改裝的警察博物館

東京都水的科學館
東京都水の科学館

 雨天ok! 私房景點

 鄰近景點　★台場富士電視台　◎日本科學未來館

在台場有個十分寓教於樂的免費親子好去處，或許不是很多人知道，但很值得推薦帶孩子去逛逛，那就是東京都水的科學館。它其實是東京都自來水公司在有明供水站（日文：有明給水所）旁所設立的一個免費博物館，將供水站這個設施活用化，做成寓教於樂的博物館，不僅能介紹東京水資源，裡面更藏了許多跟水相關的有趣知識，還有定時跟水相關實驗展演，十分好玩！

東京都水的科學館共有 3 層樓，每層樓都設計了不同的主題，當然都跟「水」有關，而且非常適合大人小孩一起來探索。一進入 1 樓，就會被壯觀的「水樂園」吸引目光。這個樓高兩層的岩山造景，藏了一個水的遊戲迷宮，能讓孩子鑽上鑽下，用不同角度看水，小孩們都玩得不亦樂乎。1 樓旁邊的休息區，也有許多跟水有關的知識展覽。

❶ 位於台場的水的科學館 ❷ 為自來水供水站附設博物館 ❸ 裡面許多設施能動手玩 ❹ 有很多關於水的有趣實驗 ❺ 詳細介紹家庭用水 ❻ 也可以測你身體的水含量 ❼ 好玩的互動裝置 ❽ 3 樓為森林水資源區

二樓水的實驗室千萬別錯過

2 樓是結合展示跟實驗區域。這裡的展示也是以能動手玩的展品為主，孩子們可以按個按鈕，或是假裝坐在馬桶上，就能知道水是怎麼沖下去的，還有許多跟水相關的實驗跟展示都非常有趣。

到了 2 樓不能錯過的是定時表演的「水的實驗室」，每小時都會有 3 到 4 場方人員的實驗表演，真的非常好玩。而且每天的實驗會有幾個不同主題輪替，例如我看到的是水如果在真空環境下會如何的實驗，真的很有趣，過程讓人十分驚奇！非常推薦有時間的話可以帶孩子來這裡多看幾個實驗，絕對值得，請千萬不要錯過！

3 樓主要介紹水在大自然中的循環，以展示品跟影像投影讓大人小孩能清楚理解。例如有一區是到森林裡探索水資源，有不少讓孩子可以跑上跑下的地方，也有互動影像能讓孩子學到森林裡水資源的重要性。

由於東京都水的科學館位於台場較偏緣地區，較近的交通方式是搭臨海線到國際展示場站下車，或者從台場站走個十幾分鐘慢慢散步過去。但這裡算是東京父母溜小孩的私房景點，地點寬廣，會來的人也不多，可以讓孩子盡情奔跑都沒問題。再加上不用入場費，不妨下次就將它排入東京台場的行程中吧！

⑨ 2 樓水的實驗室非常好玩 ⑩ 定時都會有不同的實驗 ⑪ 水在真空下會結冰喔

🔍 東京都水的科學館

官網　　地圖

地址	〒 135-0063 江東区有明 3-1-8
電話	03-3528-2366
營業時間	9：30 ～ 17：00
休館日	週一、12 月 28 ～ 1 月 4 日

年齡	全年齡適合	飲食	無
參觀時間	2 小時	停車場	無
嬰兒車	可推進去	投幣式儲物櫃	無
入場費	免費	幼兒遊戲室	無

哺乳室　尿布檯

9:30-17:00　每週一休

🚃 交通指南

臨海線「國際展示場駅」下車，或百合海鷗號「國際展示場正門駅」下車步行即可到達。

羽田機場屋頂展望台看飛機

雨天ok！ 私房景點

羽田機場第一航廈主要是 JAL 的起降地，在 6 樓有飛機展望台，可以免費參觀；第二航廈為 ANA 為主的起降機場，在 5 樓有展望台，以及第三航廈的 5 樓可以看到機場起降的情形和各式飛機。除了飛機迷喜歡到這裡之外，孩子看到飛機也會很開心，有空可以來此欣賞！另外，也可以去逛逛東京羽田機場花園，還可以泡湯賞飛機喔！

❶ 第一航廈展望台為 JAL 起降地
❷ 羽田機場設有展望台 ❸ 天氣好時，可以來此欣賞飛機

🔍 羽田機場

地址	〒 144-0041 東京都大田区羽田空港 3-3-2 第一航廈展望台位於 6、7 樓 第二航廈展望台位於 5 樓、第三航廈展望台位於 5 樓
時間場次	第一、二航廈 6:30 ～ 22:00，第三航廈 24 小時，依天候狀況調整
票價	免費

官網　　　地圖

停車場　6:30-22:00

🚃 交通指南

搭東京單軌列車（東京モノレール）到羽田機場第一航廈下（日文站名：羽田空港第 1 旅客ビル），再轉搭電梯到 6 樓即可。若要到達羽田機場第二航廈展望台，請搭到羽田空港第 2 旅客ビル，轉搭電梯到 5 樓即可。

東京知弘美術館
ちひろ美術館

雨天ok!　私房景點

鄰近景點　★ ☀ 井之頭恩賜公園與井之頭自然文化園　♥ 三鷹之森卜力美術館

黑柳徹子在 1981 年創作的《窗邊的小荳荳》，其中的插畫集結了畫家岩崎知弘的繪畫而編成，充滿女性的柔軟與孩子性靈般的輕盈畫風，讓《窗邊的小荳荳》得到更多想像空間，也讓這本書成為許多人兒時心目中最愛的書籍。東京知弘美術館就是將岩崎知弘於東京郊區下石神井的自宅，改建成世界第一座繪本美術館，也讓喜愛岩崎知弘繪畫的人，能夠到這間知弘美術館參觀，悠遊於美好的繪畫世界裡。

❶ 畫家岩崎知弘的美術館　❷❸ 安靜又舒服的美術館　❹ 因《窗邊的小荳荳》，讓更多人愛上岩崎知弘　❺❻ 孩子也能開心參觀的空間　❼ 有許多岩崎知弘原作展出

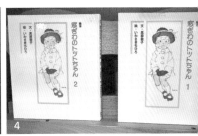

岩崎知弘的畫風一直是以西方水彩技巧融合東方傳統繪畫技術，特別專注於畫出孩子的世界為主題，受到許多人的歡迎。她因罹患癌症於 1974 年去世，留下大量繪畫作品，之後黑柳徹子在 1981 年創作的《窗邊的小荳荳》使用了岩崎知弘的繪畫，使更多人知道岩崎知弘繪畫創作，並喜愛上它。

以岩崎知弘為主題的美術館共有兩間，一間是位於東京自宅的知弘美術館，另一間是位於長野縣的安曇野知弘美術館。如果來東京想欣賞岩崎知弘的畫作，千萬不要錯過這間位於東京郊區的小小安靜美術館。

8
9
10

館內的展覽每兩個月更換一次作品，除了岩崎知弘畫作之外，也邀請了世界知名繪本畫家展出畫作。在這裡，還能看到岩崎知弘之前居住的空間，可愛的小花園，呈現活力。館內的設計非常親善，想推嬰兒車進去都沒有任何問題，孩子也能徜徉在展覽空間中。雖然這裡距離東京市區比較遠，但也很推薦喜愛岩崎知弘畫作的人，帶孩子或自行前來參觀。

8 小小的館區及庭院
9 10 有讀書的小空間

🔍 東京知弘美術館

地址	〒 177-0042 日本東京都練馬区下石神井 4-7-2
電話	03-3995-0612
營業時間	週二～週日 10:00 ～ 17:00（最後入場 16：30） 週一休館、12 月 28 日～ 1 月 1 日休館 冬季休館日為 2 月 1 日～ 2 月底（詳細時間請見官網）

官網　　　地圖

哺乳室　尿布檯　嬰兒車放置場　餐廳　展場禁止飲食　停車場　10:00-17:00　每週一 12/28~1/1 休

年齡	0 歲～大人
參觀時間	1.5 小時左右
嬰兒車	可推進去、有放置場
博物館通票	可使用，憑票入場免費

票價	大學生起	高中生以下（含高中生）
	1000 日幣	免費

ちひろ美術館・東京

入場券也很漂亮

🚃 交通指南

從新宿出發，搭乘西武新宿線至上井草站，走路約 15 分鐘到達

台場富士電視台
フジテレビ

 雨天ok! 人氣景點

鄰近景點 ★台場樂高遊樂園 ◎日本科學未來館 ◎東京都水的科學館
◎台場附近景點都能排進去

　　富士電視台位於東京台場，是到了台場之後很值得一遊的行程。搭乘百合海鷗號到台場站下車後，抬起頭來就會看到非常顯著的富士電視台本社大樓。外觀為鋼鐵式的建材，最上面還有一個類似球體的建築，為 25 樓的球體展望室（はちたま），由名建築師丹下健三設計，來到台場一定不會找不到富士電視台建築物。

　　富士電視台本社大樓實際上也做為製作電視節目之處，5 樓做為參觀區域，25 樓的球體展望室也可以從 24 樓進入參觀。每到假日，1 樓的廣場就熱鬧紛紛，富士電視台無論是在綜藝節目或是戲劇方面都有非常好的成績。在木村拓哉主演的《Hero2》電影版上映時，富士電視台 1 樓廣場還特別設置了《Hero2》特展，在裡面還能看到木村拓哉在劇中的辦公室跟戲服呢！

❶ 充滿參觀樂趣的台場富士電視台 ❷ 電梯可以直達展覽區 ❸ 假日廣場上有許多活動 ❹ SMAP 節目

5 樓的參觀區域面積不大，主要以介紹富士電視台所有的節目為主。如果天氣好的時候，可以到 7 樓的屋頂庭園參觀，接著前往 24 樓參觀球體展望室。建議假日時來富士電視台參觀，會有比較多的活動可以參與喔！

⑤ 招牌節目櫻桃小丸子 ⑥ 1 樓有小丸子咖啡廳

🔍 台場富士電視台

地址	〒 137-8088 東京都港区台場二丁目 4 番 8 号
電話	03-5500-8888
營業時間	10:00 ～ 18:00，週一休館，假日營業

官網　　　地圖

哺乳室　尿布檯　餐廳　咖啡廳　便利商店　展場禁止飲食　停車場　10:00-18:00　週一休館

年齡	0 歲～大人
參觀時間	1.5 小時左右
嬰兒車	可推進去
票價	免費（特別展覽需收費，請見現場規定）

🚃 交通指南

搭乘 JR、地鐵至新橋站/汐留站或豐洲站，轉搭百合海鷗號（ゆりかもめ）至台場站下車，再走過去。

帶孩子看日本巧虎舞台劇
しまじろうコンサート

巧虎大神對於孩子來說有著莫名的魅力，當然日本孩子也不例外，所以每年倍樂生（Benesse）都會從夏初開始，在日本全國47個道府縣巡迴演出巧虎音樂劇（全程日文表演）。如果孩子很喜愛巧虎，到東京旅遊的時間也剛好，就能試著將日本原汁原味的巧虎音樂劇也排入行程中。

巧虎音樂劇每年至少會有兩個表演梯次，分別為夏季音樂劇跟聖誕音樂劇。每年的夏季音樂劇會從5月底到9月底，在3月時，會讓訂閱日文巧虎雜誌會員先行抽選票券，5月時再開放在一般便利商店都能購買。票價約在3500日幣左右（會變動），3歲以下免費，但需要一位大人陪同入場，且一位大人僅能帶一位免票兒童入場，超出名額則需購票，如果孩子也要占位就要另買一張票。建議如果剛好旅遊時間遇得上場次，可以找代購，或是提早到東京於7-11便利商店的購票機構買。

到了表演現場，推車通常都要收起來放到指定的房間內。場外都能跟巧虎立牌照相，現場也會販售巧虎系列商品。這些在別的地方可是買不到的，若有興趣請務必記得要購買。場內不能飲食，表演時不能拍照，接下來就是好好欣賞巧虎音樂劇，讓孩子留下美好的回憶囉！

❶ 日本巧虎每年都會舉辦舞台劇 ❷ 一定要帶小孩去朝聖 ❸ 會場內有販售特別商品 ❹ 可以跟巧虎拍照 ❺ 準備坐好看表演囉

🔍 帶孩子看日本巧虎舞台劇

官網

年齡　　0歲～大人
東京表演期間　5月底到9月底（每年時間不同，請見官網）

國際兒童圖書館
国際子ども図書館

雨天ok! 私房景點

鄰近景點　♥上野恩賜公園　♥上野動物園　★淺草寺與仲見世通、阿美橫町　◎國立科學博物館　◎東京大學

1

在東京，有一間專門為兒童設計的圖書館，就位於上野恩賜公園不遠處，名為「國際兒童圖書館」。裡面除了保存許多兒童圖書館藏之外，更有許多不定期的展覽與舒適的親子閱讀空間。

這間國際兒童圖書館的前身為 1906 年成立的帝國圖書館，後來於 2002 年改建為兒童圖書館使用。由安藤忠雄建築研究所設計，融合歷史感的建築跟新穎的空間，打造出專屬於兒童圖書的天地。

2
3

館藏許多童書

❶ 屬於孩子的圖書天地：兒童圖書館　❷ 由舊帝國圖書館改建　❸ 改建工程由安藤忠雄設計

❹ 也有適合親子的餐廳
❺ 餐廳內也賣童書

其中，圓形的兒童之屋（子どものへや）蒐羅了世界各地的童書，讓孩子能在 365 度書架的環繞中，自由選取自己想要看的書籍。書本的博物館（本のミュージアム）則是專門作為展示會場使用，會不定期規劃兒童書籍的展示。這裡安靜又舒適，雖然書籍還是以日文童書為主，但舒適的書香環境，也讓許多家長帶著孩子來這邊看書唸書，就算是遊客，也可以自由進去閱讀喔！

國際兒童圖書館

官網　地圖

地址　〒 110-0007 東京都台東区上野公園 12-49
電話　03-3827-2053
營業時間　週二～週日 9：30 ～ 17：00
週一、每月第三個週三、國定假日休館，年底休館

哺乳室　尿布檯　咖啡廳　圖書館禁止飲食　停車場　9:30-17:00　週一、第三個週三休館

年齡　0 歲～大人（2 歲以上兒童比較適合）
參觀時間　1.5 小時左右
嬰兒車　可推進去
票價　免費

交通指南

JR 上野站下車（公園口出口），步行 1 分鐘
京成電鐵京成上野站下車，步行 7 分鐘
東京地鐵銀座線、日比谷線上野站下車，步行 8 分鐘

JR 上野站內部圖
（出入有電梯）

東京地鐵上野站內部圖
（出入有電梯）

晴空塔郵政博物館

 雨天ok！　 私房景點

 鄰近景點　♥ 晴空塔　◎ 晴空塔墨田水族館

相信不少人小時候都有集郵的回憶，雖然現代人愈來愈少寫信，但如果能帶孩子到郵政博物館欣賞郵票之美，了解郵務的相關知識，這間位於東京晴空塔 9 樓的郵政博物館，正是規劃非常完善的好去處。

東京郵政博物館面積雖然不大，但館藏豐富，屬於小而美的博物館。總共規劃出 12 區跟郵政有關的領域，從日本郵政的歷史、各式美麗的紅色郵筒演變、到非常豐富的各式郵票收藏，仔細觀賞，也能得到很多豐富的收穫呢！裡面還收集了世界各國的郵筒跟郵差制服，還有一幅用郵票拼起來的蒙娜麗莎圖像，非常有趣。如果來到晴空塔，有空檔也能安排來參觀這間豐富的郵政博物館喔！

❶ 位於晴空塔 9 樓的郵政博物館　❷ 裡面有各式郵筒　❸ 郵票拼貼成的蒙娜麗莎　❹❺ 館藏非常豐富　❻ 能看到許多郵務相關文物

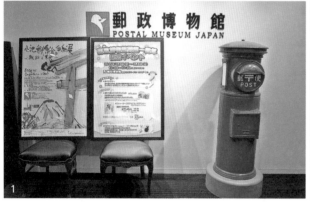

館內有特別的紀念品可以購買

晴空塔郵政博物館

官網　　　　　地圖

地址　　　〒 131-8139 東京都墨田区押上一丁目 1 番 2 号 晴空塔 9 樓

電話　　　03-6240-4311

營業時間　10：00 ～ 17：30（最後入場為 17：00），休館時間無固定

 　展覽區 禁止飲食　　10:00-17:30　　5 無固定

年齡　　　0 歲～大人（2 歲以上兒童比較適合）

參觀時間　1.5 小時左右

尿布檯　　館內無，但晴空塔商場裡有相關設施

嬰兒車　　可推進去

票價

大人	小學生～高中生	小學生以下
300 日幣	150 日幣	免費

入場券

Tips

在東京車站丸之內面旁邊的 Kitte 百貨，是由郵局改建而成的百貨商場，在 1 樓有一間東京中央郵局，裡面有許多很特別的伴手禮跟紀念品可供購買喔！

　地圖

🚋 交通指南

從上野站或淺草站出發，在淺草站轉搭東武晴空塔線至東京晴空塔站（とうきょうスカイツリー）下車，站內直通晴空塔

搭東京地鐵半藏門線、都營淺草線至押上站下車（從站內就有連通道直達晴空塔）

日本的大學院校大部分都是開放參觀，也可以走進校園內散步參觀，倘佯在日本美麗的校園內。同時也可以購買紀念品跟品嚐學府的特色飲食。不過大學校園還是以學術研究為主，如果來參觀的話，請記得放低音量，細細品味校園之美喔！

東京大學
東京大学 / とうきょうだいがく

 雨天ok! 私房景點

鄰近景點　東京巨蛋　★ ASObono 室內遊樂園

　　東京大學是日本第一大學學府，也是日本學子擠破頭想要進入的學校，在日本人心目中，進入東大，等於拿到人生勝利組的入門票。東大是日本第一所現代大學，創立於 1877 年，總共孕育出 10 位諾貝爾獎得主，是培育日本精英人才的搖籃。

　　東大校園總共有三個區域，本校位於文京區，駒場位於目黑區，柏校園位於千葉縣的柏市。通常一般人會參觀的僅限於文京區的校園，尤其春日的櫻花美景及秋日時分的黃色銀杏美景，更是吸引許多遊客來此觀賞。

❶ 東大最有名的赤門 ❷ 來東大，找到地圖才能知道方向 ❸ 著名的安田講堂 ❹ 很優雅的校園咖啡廳 ❺ 櫻花時節很漂亮

　不過，東大並非生硬的學術校園，除了獨具特色的建築物，例如安田講堂、綜合圖書館、彌生講堂、赤門等，還能到東大校園內的專屬東大開發產品及員生合作社，購買獨特的東大紀念品。

　而東大中央食堂，也是餵飽學生及參觀者的好去處，其中的赤門拉麵則是中央食堂的熱門餐點。當然因為主要顧客為學生，所以餐點都是平價又大碗的風格，請務必來試試看。

 東大中央食堂　 物美價廉的食堂餐廳

最有名的
赤門拉麵

 東京大學

地址	〒 113-8654 東京都文京区本鄉 7-3-1
電話	03-3812-2111
營業時間	全年無休

官網　　地圖

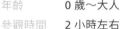

餐廳　咖啡廳　停車場　全年無休

年齡	0 歲～大人
參觀時間	2 小時左右

法文 2 號館的拱廊

交通指南

東京地鐵搭乘南北線至東大前站（最近，有電梯），或搭乘丸之內線、都營大江戶線，至本鄉三丁目站（有電梯），走路 8 分鐘到達

　東大前站內部圖

　本鄉三丁目站內部圖

早稻田大學

早稻田大学 / わせだだいがく

雨天ok! 私房景點

鄰近景點　四谷消防博物館　★ 東京玩具美術館　★ 新宿御苑　明治神宮　新宿周邊景點

　　早稻田大學是日本知名私立大學，1882 年由日本明治維新時期開國元老之一大隈重信創立。在早稻田大學內也設有大隈重信先生的雕像及大隈講堂，而大隈講堂的建築物，則是早稻田大學的象徵所在。

　　早稻田大學的分校校園不少，本校位於新宿區，培育出了許多人才，索尼公司的創辦人井深大、卡西歐公司的創辦人樫尾忠雄、作家村上春樹及許多日本內閣總理大臣，都畢業於此。

　　早稻田大學位於新宿的本校區域，屬於沒有圍牆的開放式校園。因為校園建築物分散，所以有專門的校內巴士行經校園各個區內。遊客來此可以逛大隈庭園、早稻田紀念商品店跟餐廳，購買早稻田熊的紀念品。

　　校園內，坪內博士紀念演劇博物館的建築是仿效英國劇場「吉星劇院」設計，以此紀念坪內博士將 40 冊《莎翁全集》翻譯完成的偉大成就。

❶ 早稻田大學的大隈講堂　❷ 大隈重信塑像　❸ 早稻田大學校園開闊　❹ 坪內博士紀念演劇博物館

⑤ 早稻田大學吉祥物
⑥ 早大校園公車

🔍 早稻田大學

官網 地圖

地址	〒 169-8050 東京都新宿区戸塚町 1-104
電話	03-3812-2111
營業時間	全年無休

 餐廳　 咖啡廳　 停車場　 全年無休

年齡　　0 歲～大人
參觀時間　1.5 小時左右

早大咖啡廳

🚌 交通指南

東京地鐵東西線到早稻田站，走路 5 分鐘
（靠近出口 3 有電梯）

早稻田站內部圖

　　想寫這本書的想法，從孩子出生後第一次去東京賞櫻就開始在我心中萌芽了。在結婚生子之前，我是一個可以灑脫說走就走的背包客，許多人沒機會去的印度、南美洲，我也是一個人背著包包就能闖蕩天涯。但帶著孩子旅行，卻跟先前的灑脫完全不一樣，孩子還不會走時，需要抱或攜帶推車；剛會走時，得要在後面亦步亦趨；走得很好時，又得要常常追著他跑。其實從第一次帶孩子出國之後，我深深感覺到我先前的旅遊經驗應該要從頭開始了，因為帶孩子出國跟自己出國完全是兩回事。仔細想想，如果就連我去過很多地方的背包客都會這麼認為了，那麼其他爸媽對於帶孩子出國這件事，應該也會有很多徬徨吧。

　　於是，這本東京親子旅遊書的集結成書，一方面是我希望將這幾年來，帶著孩子去東京的經驗分享給大家，另一方面帶孩子出國雖然累，但也真的能看到他不斷在成長。無論是當個好旅伴，還是學習異國事物，甚至是為了要等媽媽拍照拍個夠之後，才能讓他下來盡情玩耍，也學會了乖乖等待。書中所有景點我都帶著孩子親身走過，精心挑選各個好玩行程，以父母的角度，來替其他父母設想，如帶孩子來這邊好不好玩？交通要如何走才便利？於是我才堅持要將每個景點的交通方式、電車如何到達、到達車站後要如何找電梯出站的方式，都寫得鉅細靡遺。因為我知道，東京雖然交通發達，但在無障礙設施上對爸媽來說還是有點頭痛。雖然免不了要抬推車，或牽著孩子上下樓梯，但帶著這本書，跟你的手機，只要掃 QR code，就能直接看到地圖、車站內部圖、設施官網等等，非常方便。

　　東京的親子景點非常多，從我這幾年來的研究裡，每次去都還是有新的景點想要探索。我也十分推薦將東京做為孩子首次出國的地點，因為親子景點多、交通方便、乾淨、醫療也先進，就好玩、方便及乾淨程度都是首選。帶孩子去東京不只有迪士尼、晴空塔、吉卜力美術館、東京鐵塔、上野動物園等地方，還有好多好玩的地點，我也希望爸媽們帶著這本書輕鬆遊東京，跟孩子一起留下美好的旅遊回憶。

　　最後，我要謝謝我先生大力支持跟孩子小海豚，你是最完美的小旅伴！

東京親子遊

大 手 牽 小 手 ， 零 經 驗 也 能 輕 鬆 上 手 自 助 行

2AF689

作　　　者	王晶盈
版 面 構 成	江麗姿
封 面 設 計	走路花工作室
責 任 編 輯	溫淑閔
主　　　編	溫淑閔
行 銷 專 員	辛政遠、楊惠潔
總 編 輯	姚蜀芸
副 社 長	黃錫鉉
總 經 理	吳濱伶
發 行 人	何飛鵬
出　　　版	創意市集

發　　　行　英屬蓋曼群島商家庭傳媒股份有限公司
　　　　　　城邦分公司
　　　　　　歡迎光臨城邦讀書花園 www.cite.com.tw
　　　　　　網址：http://www.cite.com.

香港發行所　城邦（香港）出版集團有限公司
　　　　　　香港灣仔駱克道 193 號東超商業中心 1 樓
　　　　　　電話：(852)25086231
　　　　　　傳真：(852)25789337
　　　　　　E-mail：hkcite@biznetvigator.com

馬新發行所　城邦（馬新）出版集團
　　　　　　Cite (M) Sdn Bhd
　　　　　　41, Jalan Radin Anum,
　　　　　　Bandar Baru Sri Petaling,
　　　　　　57000 Kuala Lumpur, Malaysia.
　　　　　　電話：(603)90563833
　　　　　　傳真：(603)90576622
　　　　　　E-mail：services@cite.my

展 售 門 市　台北市民生東路二段 141 號 7 樓
製 版 印 刷　凱林彩印股份有限公司
　　　　　　2024 年 5 月　二版 4 刷
　　　　　　Printed in Taiwan
Ｉ Ｓ Ｂ Ｎ　978-626-7149-79-9
定　　　價　420 元

客戶服務中心
地址：10483 台北市中山區民生東路二段 141 號 B1
服務電話：(02) 2500-7718、(02) 2500-7719
服務時間：週一至週五 9：30～18：00
24 小時傳真專線：(02) 2500-1990～3
E-mail：service@readingclub.com.tw

若書籍外觀有破損、缺頁、裝訂錯誤等不完整現象，
想要換書、退書，或您有大量購書的需求服務，都請
與客服中心聯繫。

版權聲明
本著作未經公司同意，不得以任何方式重製、轉載、
散佈、變更全部或部分內容。

※ 詢問書籍問題前，請註明您所購買的書名及書號，
　 以及在哪一頁有問題，以便我們能加快處理速度為
　 您服務。

※ 我們的回答範圍，恕僅限書籍本身問題及內容撰
　 寫不清楚的地方，關於軟體、硬體本身的問題及衍
　 生的操作狀況，請向原廠商洽詢處理。

※ 廠商合作、作者投稿、讀者意見回饋，請至：
　 FB 粉絲團．http://www.facebook.com/InnoFair
　 Email 信箱．ifbook@hmg.com.tw

國家圖書館出版品預行編目資料

東京親子遊：大手牽小手，零經驗也能輕鬆上手自助行
【2023-2024暢銷修訂版】/ 王晶盈著. -- 二版. -- 臺
北市：創意市集，2023.04

面；　公分
ISBN 978-626-7149-79-9(平裝)

1.CST: 自助旅行 2.CST: 親子 3.CST: 日本東京都

731.72609　　　　　　　　　　　　　　112003885